M000195750

MANUAL PRÁCTICO SOBRE
FALSAS ENSEÑANZAS

Manual práctico sobre falsas enseñanzas
© 2021 por Ministerios Ligonier
es.Ligonier.org

Distribuido en América Latina y España por Poiema Publicaciones
Poiema.co

Publicado originalmente en inglés bajo el título
A Field Guide on False Teaching
© 2020 by Ligonier Ministries
421 Ligonier Court, Sanford, FL, 32771
Ligonier.org

Printed in Ann Arbor, Michigan
Cushing-Malloy, Inc.
0000921
Segunda edición

ISBN 978-1-64289-382-3 (Tapa rústica)
ISBN 978-1-64289-401-1 (ePub)
ISBN 978-1-64289-402-8 (Kindle)

Diseño de portada: Ligonier Creative
Diseño interior y diagramación: Ligonier Creative
Traducción y adaptación al español: Ministerios Ligonier

A menos que se indique lo contrario, todas las citas bíblicas son de LA
BIBLIA DE LAS AMÉRICAS® (LBLA) Copyright © 1986, 1995, 1997 por
The Lockman Foundation. Usado con permiso. www.LBLA.com

Library of Congress Control Number: 2021941126

MANUAL PRÁCTICO SOBRE
FALSAS ENSEÑANZAS

MINISTERIOS LIGONIER

CONTENIDO

INTRODUCCIÓN

Con un poco más del 30% de la población mundial profesando ser cristianos en 2017, el cristianismo es la religión más grande y difundida en el mundo.[1] Sin embargo, existe una asombrosa diversidad de opiniones en cuanto a doctrinas y prácticas bajo la sombrilla del cristianismo.[2] Si bien muchos de los que profesan ser cristianos tienen una comprensión precisa de la teología de la Escritura, no todos entienden las doctrinas bíblicas fundamentales de la fe resumidas en las confesiones y los credos cristianos clásicos, y muchos de los que afirman seguir a Jesús tienen creencias que niegan la enseñanza bíblica. Por otro lado, los cristianos deben interactuar a diario en sus trabajos y comunidades con personas que no profesan ser cristianas en absoluto y quizás hasta cuestionan la enseñanza bíblica.

Las falsas enseñanzas, tanto dentro como fuera de la Iglesia, siempre han sido proclamadas en oposición a la verdad de la Escritura. Por lo tanto, es esencial que los creyentes conozcan bien las doctrinas bíblicas sobre la revelación, Dios, el hombre, el pecado, Cristo, la expiación, la salvación y la eternidad. Además, los creyentes deben procurar familiarizarse con las características esenciales de las enseñanzas, religiones y cosmovisiones falsas a fin de que puedan reconocer el error y refutarlo en aras del evangelio. Con ese propósito en mente, esta obra es una introducción a las falsas enseñanzas que circulan hoy en la Iglesia y a las falsas religiones del mundo. No es un estudio exhaustivo, sino que más bien procura señalar muchas de las falsas doctrinas de nuestra época. Nuestro deseo sincero es que este folleto te ayude a estar mejor «[preparado] para presentar defensa ante todo el que... demande razón de la esperanza que hay en [ti]» (1 Pe 3:15).

Las verdades esenciales del cristianismo

Aunque todo lo que Dios revela en las Escrituras puede considerarse «esencial» para la vida de la Iglesia, algunas doctrinas son más importantes que otras para el sistema de la verdad cristiana. Al considerar enseñanzas y religiones falsas, las siguientes doctrinas bíblicas son vitales para que conservemos el cristianismo como nos fue dado por Jesús y los apóstoles.

La revelación

Los teólogos llaman «revelación general» a la autorrevelación de Dios en la creación y la conciencia humana, y «revelación especial» a Su revelación en la Escritura. La revelación general da a conocer el poder eterno y la naturaleza divina de Dios, así como Su ley moral básica para la humanidad (Sal 19:1-6; Rom 1:8 – 2:16). La revelación especial es una revelación más completa del carácter de Dios, de Su plan de salvación para la humanidad y de Sus instrucciones para que vivamos de una forma agradable a Él (Sal 19:7-11; 2 Tim 3:16-17). El Antiguo Testamento y el Nuevo Testamento constituyen la revelación especial, completa y final de Dios. En los sesenta y seis libros de la Biblia, Dios nos ha dado «todo cuanto concierne a la vida y a la piedad» (2 Pe 1:3). Las Escrituras son infalibles e inerrantes. Todo lo que Dios ha revelado en Su Palabra es fidedigno, suficiente, claro y necesario para la salvación de los creyentes, las vidas de los cristianos y el ministerio de la Iglesia. El mensaje central de la Escritura es la salvación de Dios en la persona y la obra de Cristo (Lc 24:27, 44). No existe otra revelación especial de Dios posterior al cierre del canon de la Escritura.

Dios

El punto de partida de toda verdad es el mismísimo Dios santo. Al indagar en la Escritura, descubrimos que el único Dios vivo y verdadero es infinito (1 Re 8:27; Sal 147:5), eterno (Sal 90:1; Is 57:15) e inmutable (Mal 3:6) en todas Sus perfecciones divinas (Ex 34:6; Nm 14:18; Neh 9:31; Sal 86:5, 15; Jl 2:13). En la Divinidad hay tres personas: el Padre, el Hijo y el Espíritu Santo. Estas tres personas son el único Dios vivo y verdadero. El Padre, el Hijo y el Espíritu son de la misma sustancia e iguales en poder y gloria. Dios es la santa Trinidad.

El hombre

En la creación, Dios hizo al hombre, varón y hembra, según

Su propia imagen, en conocimiento, justicia y santidad (Gn 1:26-27; Ef 4:24; Col 3:10). Dios comisionó a los hombres y las mujeres que llenaran la tierra y ejercieran dominio sobre ella (Gn 1:28). Hizo un pacto de obras con Adán en la creación, prohibiéndole comer del árbol del conocimiento del bien y del mal, y prometiéndole vida si obedecía y muerte si desobedecía (Gn 2:15-17; Rom 5:12-21). Esta prohibición de comer del árbol del conocimiento del bien y del mal tenía como propósito probar la obediencia de Adán y también recordarle que Dios es el Creador y el hombre es la criatura.

El pecado

Cuando Adán desobedeció a Dios y comió del árbol del conocimiento del bien y del mal, cayó de la condición original en la que Dios lo había creado. Por su desobediencia, Adán trajo el pecado y la muerte al mundo. Adán actuó como el representante de todos sus descendientes, de modo que todos los que descienden de él por generación ordinaria pecaron en él y cayeron con él (Rom 5:12-21; 1 Co 15:22). La culpa de Adán ha sido imputada a sus descendientes nacidos de forma natural; ellos han sido privados de la justicia original que poseía Adán y han heredado la corrupción de toda su naturaleza. Por naturaleza, todos los seres humanos (a excepción de Cristo) están «muertos en... delitos y pecados» y bajo la ira y la maldición de Dios (Ef 2:1-3). Los pecados que cometemos actualmente proceden de la corrupción de nuestra naturaleza y constituyen transgresiones de la ley de Dios o faltas de conformidad a ella. Como escribió el apóstol Juan: «...el pecado es infracción de la ley» (1 Jn 3:4).

Cristo

El Señor Jesucristo, el Hijo eterno de Dios y la segunda persona de la Trinidad, se encarnó en la plenitud del tiempo, sumando una naturaleza humana a Su persona, uniéndose así a nuestra humanidad. Jesús es verdadero Dios y verdadero hombre en una persona, para siempre. Jesús es el único Mediador entre Dios y el hombre. Vivió una vida sin pecado para cumplir las demandas de la ley de Dios (Rom 5:12-21; Gal 4:3-4) y dio Su vida como sacrificio expiatorio por Sus ovejas (Jn 10:15). En Su muerte, Jesús propició (satisfizo y quitó) la ira de Dios al asumir el castigo por los pecados de Su pueblo. Jesús resucitó de los muertos al tercer día. Ascendió al cielo, donde está sentado «a la diestra de la Majestad en las alturas» (Heb 1:3). Jesús volverá en gloria para consumar todas las cosas y juzgar a los vivos y a los muertos. Su dominio como Rey del Reino de Dios nunca tendrá fin.

La salvación

La salvación es por la sola gracia a través de la sola fe en solo Cristo para la gloria de solo Dios. Dios escogió un pueblo para Sí mismo en Su Hijo desde antes de la fundación del mundo (Ef 1:3-4). El Hijo vivió y murió para expiar los pecados de los que Dios ha elegido (Jn 10:29). La salvación que Cristo logró mediante Su muerte y resurrección es aplicada a Su pueblo por el Espíritu Santo de Dios, la tercera persona de la Divinidad. El Espíritu Santo regenera a las personas por las que Cristo murió, llevándolas así de muerte a vida (Jn 3:5). Todos los que son nacidos de nuevo por el Espíritu de Dios llegan a confiar en Cristo y son unidos a Él por la fe sola. Cuando un pecador es unido a Cristo por medio de la fe, es justificado, apartado y adoptado como hijo de Dios. Todo el que esté unido a Cristo será glorificado cuando muera o cuando Cristo regrese en gloria.

La eternidad

La Biblia enseña que habrá un día de juicio final en el que todas las personas comparecerán ante el trono de Dios y tendrán que dar cuenta por todo lo que han hecho (Rom 14:12; 2 Co 5:10). Los espíritus de los creyentes que mueran antes de ese día final irán a estar con Cristo en el cielo, mientras que los espíritus de los que mueran sin haber confiado en Cristo sufrirán en el infierno (Mr 9:45; Lc 12:5; 16:19-31; 2 Co 5:8; Flp 1:23). Tanto los cuerpos de los creyentes como los de los incrédulos que mueran antes del juicio final permanecerán en el sepulcro en espera de la resurrección corporal que ocurrirá en ese día (Hch 24:15). Cuando Cristo regrese, todos los que han muerto antes de Su venida serán resucitados. Todos los que han confiado en Cristo recibirán cuerpos glorificados, unidos a sus espíritus, e irán a estar con Él en la gloria por la eternidad, habitando con Él en los cielos nuevos y la tierra nueva.

Todo el que no haya confiado en Jesús solo para salvación perecerá eternamente en el lago de fuego (Jn 3:36; 1 Co 15:35-37; Ap 20 – 21).

PREPARADOS PARA PRESENTAR DEFENSA

La defensa de la fe

Dios instruye a los creyentes a estar «siempre preparados para presentar defensa [*apologia* en griego] ante todo el que os demande razón de la esperanza que hay en vosotros» (1 Pe 3:15). La apologética implica dar a las personas una respuesta bien razonada a sus acusaciones; es una defensa verbal y racional de la fe cristiana. Para poder presentar una defensa eficaz de la verdad, lo primero es que necesitamos conocer bien las Escrituras. Defender la verdad de la Palabra de Dios contra falsedades y mentiras es parte integral de la vida y el servicio del cristiano. Para hacerlo con eficacia, también debemos estar preparados para defender la verdad contra enseñanzas y prácticas falsas que contradicen las Escrituras.

Además de presentar una defensa racional de la verdad de la Escritura, los cristianos debemos defenderla con nuestra forma de vivir y de actuar. El testimonio del cristiano a favor de la verdad suele ser una respuesta a un mundo que observa cómo el cristiano vive su fe. Pedro introdujo una dimensión ética al mandamiento de defender la fe. Exhortó a los creyentes a presentar defensa «con mansedumbre y reverencia» (1 Pe 3:15). Nuestras vidas funcionan como defensa de la verdad. Jesús les enseñó a Sus discípulos: «En esto conocerán todos que sois mis discípulos, si os tenéis amor los unos a los otros» (Jn 13:35). El apóstol Pablo instó a los creyentes a que se comprometieran a hablar «la verdad en amor» (Ef 4:15). Este es un aspecto clave para la defensa de la fe. La manera en la que hablamos la verdad es vital en nuestra defensa de la misma. Es significativo tanto para los pastores como para los laicos. Tal como el apóstol Pablo le escribió a Timoteo: «Y el siervo del Señor no debe ser rencilloso, sino amable para con todos, apto para enseñar... corrigiendo tiernamente a los que se oponen» (2 Tim 2:24-25).

La contienda por la fe

Los cristianos no solo somos llamados a defender la fe, sino también a «contender por la fe» (Jud 3) de forma proactiva. La Iglesia debe ser proactiva en la promoción de la verdad de la fe cristiana, exponiendo, refutando, reprendiendo y corrigiendo los errores teológicos (Ef 5:11; 2 Tim 2:25; Tit 1:13; 2:15). Esto se puede apreciar en la manera en que Pablo interactuó con las enseñanzas e ideologías falsas representadas en Atenas (Hch 17:16-34). En especial, a los pastores les ha sido dada la responsabilidad de contender por la verdad a favor de los miembros de la iglesia. Esta tarea incluye desenmascarar las enseñanzas y los estilos de vida falsos que contradicen la verdad. Pablo le encarga a Tito que reprenda a los que tienen vidas que contradicen el evangelio para que «sean sanos en la fe» (Tit 1:13). También, se refirió a los que «profesan conocer a Dios, pero con sus hechos lo niegan» (v. 16). El apóstol Juan exhortó a la Iglesia a que no le dieran a nadie la oportunidad de diseminar falsas enseñanzas en la comunidad cristiana (2 Jn 9-11). Pablo instó a los ancianos de Éfeso a que se mantuvieran alertas porque de entre ellos se levantarían hombres «hablando cosas perversas para arrastrar a los discípulos tras ellos» (Hch 20:30). Este llamado a contender por la fe es un tema común en las epístolas pastorales (1 Tim 1:3-4; 2 Tim 1:13; Tit 3:9).

La proclamación de la fe

Puesto que Dios ha instituido pastores para proteger la verdad (2 Tim 1:14), la predicación de la Palabra de Dios es el medio principal para defenderla y preservarla. Dios ha instituido la predicación del evangelio como Su herramienta principal para el avance de Su Reino (Rom 10:14-17; 1 Co 1:21). La predicación de la Palabra también es la vía central para corregir el error y las enseñanzas falsas. Pablo exhortó a Timoteo: «Predica la palabra; insiste a tiempo y fuera de tiempo; redarguye, reprende, exhorta con mucha paciencia e instrucción. Porque vendrá tiempo cuando no soportarán la sana doctrina, sino que teniendo comezón de oídos, acumularán para sí maestros conforme a sus propios deseos; y apartarán sus oídos de la verdad, y se volverán a mitos» (2 Ti 4:2-4).

"

SANTIFICAD A CRISTO
COMO SEÑOR EN
VUESTROS CORAZONES,
ESTANDO SIEMPRE
PREPARADOS PARA
PRESENTAR DEFENSA
ANTE TODO EL QUE
OS DEMANDE RAZÓN
DE LA ESPERANZA
QUE HAY EN VOSOTROS.

1 PEDRO 3:15

Aunque no todos los cristianos son llamados y capacitados para predicar y enseñar en la iglesia, Dios llama a todos sus miembros a ser fieles en la propagación de Su Palabra en sus interacciones cotidianas con otras personas. Fue por eso que Pablo elogió a los miembros de la iglesia en Tesalónica: «Porque saliendo de vosotros, la palabra del Señor ha resonado, no solo en Macedonia y Acaya, sino que también por todas partes vuestra fe en Dios se ha divulgado» (1 Tes 1:8). A medida que los ministros proclamen fielmente la verdad de la Palabra de Dios, los creyentes estarán mejor equipados para comunicar fielmente la verdad de la Escritura en sus relaciones cotidianas. Con este fin en mente, nuestra esperanza es que cada sección de esta obra sea de ayuda tanto para pastores como para miembros de la iglesia que desean ser fieles en la defensa y proclamación de la fe cristiana.

I.

FALSAS
ENSEÑANZAS

FALSAS ENSEÑANZAS

La refutación de falsas enseñanzas en la Iglesia constituyó una parte importante del ministerio de enseñanza de los profetas del Antiguo Testamento, del Señor Jesucristo y de los apóstoles. De hecho, muchos de los escritos neotestamentarios fueron producidos de manera específica para combatir las amenazas de las falsas enseñanzas y las controversias en la Iglesia primitiva.

Jesús y los apóstoles batallaron constantemente contra perversiones legalistas de la doctrina de la justificación por la fe sola (Lc 18:9-14; Rom 4:1-12; 10:1-13; Gal 2:16-21; 3:1-14), profecías falsas (Mt 7:15; Hch 20:30; 1 Tes

5:20-21; 2 Pe 2:1; 1 Jn 4:1-3), posturas aberrantes sobre la resurrección (Mr 12:18-27; 1 Co 15), rechazos de la divinidad de Cristo (Jn 10:33; 1 Jn 2:22-23; 2 Jn 9-10), negaciones de la segunda venida de Jesús (1 Tes 4:13-18; 2 Pe 3:4) y el libertinaje displicente (Mt 7:21-23; 1 Co 6:12-20; 1 Jn 5; Jud 4). De principio a fin, el Nuevo Testamento aborda controversias doctrinales y refuta errores.

Así como la Iglesia de la era apostólica se vio azotada por varias falsas enseñanzas, la Iglesia de hoy sigue siendo amenazada por una serie de doctrinas erróneas. Entre las falsas enseñanzas que se han arraigado hoy en día en varias iglesias, encontramos: el evangelio de la prosperidad, el rechazo de la soberanía y la providencia de Dios, la negación de la deidad de Cristo, doctrinas legalistas respecto a la justificación y la santificación, y el antinomianismo (es decir, el libertinaje). Ministros y feligreses por igual deben resistir estas formas de enseñanza incorrecta cuandoquiera y dondequiera que aparezcan. En esta sección, resumiremos la historia, los personajes clave y las creencias esenciales de varias falsas enseñanzas que amenazan a la Iglesia moderna. También compararemos las convicciones esenciales de estos sistemas de enseñanza errónea con la doctrina bíblica. Por último, ofreceremos ciertas consideraciones prácticas para que podamos compartir el evangelio eficientemente con los que han adoptado estas enseñanzas incorrectas. Nuestro deseo es que esta sección te ayude al equiparte para «contender ardientemente por la fe que de una vez para siempre fue entregada a los santos» (Jud 3) de una mejor manera y para testificar más fielmente de la gracia de Dios en el evangelio de nuestro Señor Jesucristo.

EL EVANGELIO DE LA PROSPERIDAD

¿Qué es el evangelio de la prosperidad?

El evangelio de la prosperidad es uno de los movimientos de falsas enseñanzas más prominentes de nuestros días. Sus televangelistas y predicadores han engañado a multitudes en todo el mundo con un evangelio falso que enseña que todo el que tenga una fe genuina en Cristo de seguro obtendrá prosperidad física, material y financiera en esta vida.

¿Cuándo comenzó?

La Iglesia apostólica tuvo un buen número de falsos maestros que pervertían la verdad del evangelio convirtiéndolo en una herramienta para obtener ganancia monetaria o en una manera de manipular a Dios para obtener poder (Hch 8:9-24; 19:11-20). A lo largo de la historia de la Iglesia, ha habido muchas formas de esta clase de doctrina errónea. El movimiento moderno del evangelio de la prosperidad comenzó en los años cincuenta como una corriente pentecostal posterior a la Segunda Guerra Mundial a través del ministerio del televangelista estadounidense Oral Roberts. Los libros de Roberts ayudaron a divulgar el mensaje del movimiento del evangelio de la prosperidad. Dentro de las obras más populares de Roberts, encontramos: *If You Need Healing Do These Things* [*Si necesitas sanidad, haz estas cosas*] y *The Miracle of Seed-Faith* [*El milagro de la semilla de la fe*]. El movimiento fue impulsado por Jim Bakker y Jimmy Swaggart, quienes dirigieron ministerios televisivos muy influyentes en los años ochenta. Otras figuras clave en la historia del movimiento fueron E. W. Kenyon y Kenneth E. Hagin.

¿Quiénes son las figuras clave?

Kenneth Copeland, Benny Hinn, Joel Osteen, Rony

"

SÉ VIVIR EN POBREZA,
Y SÉ VIVIR EN PROSPERIDAD;
EN TODO Y POR TODO
HE APRENDIDO EL SECRETO
TANTO DE ESTAR SACIADO
COMO DE TENER HAMBRE,
DE TENER ABUNDANCIA
COMO DE SUFRIR
NECESIDAD.

FILIPENSES 4:12

Chávez, Guillermo Maldonado, Cash Luna, César Castellanos, Claudio Freidzon, Ana Méndez Ferrel, T. D. Jakes, Creflo Dollar, Paula White y Joyce Meyer son algunos de los televangelistas principales que han comercializado las enseñanzas del evangelio de la prosperidad en nuestra época. Durante décadas, estos hombres y mujeres han transmitido un evangelio falso a través de canales radiales y televisivos como Trinity Broadcast Network (TBN) y Enlace. De este modo, han llevado su doctrina errónea a toda América Latina, África, Europa y Asia.

¿Cuáles son las creencias principales?

Este movimiento tiene cuatro creencias principales:

I. **Jesús compró todos los beneficios de la salvación para esta vida.** Jesús compró la sanidad física completa para Su pueblo en esta vida al morir en la cruz. Pervirtiendo la enseñanza de Isaías 53:5 y Juan 10:10, los predicadores del evangelio de la prosperidad aseguran que Jesús murió para quitar toda enfermedad en esta vida y para expiar el «pecado» de la pobreza económica.

II. **Una herencia en el presente.** En el pacto abrahámico, Dios prometió una vasta herencia material y financiera para los creyentes en esta vida. Si una persona cree en Jesús, heredará grandes posesiones y bendiciones tangibles en esta vida.

III. **Dar para recibir.** Los predicadores del evangelio de la prosperidad enseñan a sus seguidores que la manera de obtener riquezas es aportando más dinero para el Reino, sobre todo en sus iglesias y ministerios. La magnitud de la prosperidad material y financiera que uno puede esperar recibir es proporcional a lo que uno da.

IV. **Decláralo y reclámalo.** La fe y la oración empoderan a las personas para obtener bendiciones físicas y materiales en esta vida. Algunos líderes de este movimiento han popularizado el término *Palabra de Fe* para resumir la esencia de su enseñanza. Así pues, si alguien ejerce suficiente fe, nunca más tendrá que estar sujeto a los efectos invalidantes de la enfermedad y las dolencias. Si las personas siguen sufriendo aflicciones o pobreza, se debe a su falta de fe a nivel personal. Cuando oramos con fe, forzamos a Dios a prosperarnos, sobre todo cuando declaramos que ya poseemos la bendición deseada. Asimismo, algunos maestros convencen a sus seguidores de no usar palabras negativas, pues podrían dar lugar a cosas negativas.

¿Por qué la gente cree en esta falsa enseñanza?

Los falsos maestros del evangelio de la prosperidad apuntan a los deseos de provisión, posición y poder que tienen sus oyentes. En lugar de enfocarse en Cristo, la eternidad y la gloria de Dios, enfatizan que vivamos nuestra «mejor vida ahora». Muchas personas que viven en comunidades con grandes dificultades económicas y en países del tercer mundo siguen esta enseñanza porque les promete empoderamiento social y liberación de la pobreza y la enfermedad extrema. Otros siguen la doctrina porque justifica la codicia.

¿Cómo esta falsa enseñanza se compara con el cristianismo bíblico?

Según la Escritura, la prosperidad física, material y financiera no son marcas seguras del favor de Dios, y el sufrimiento tampoco es evidencia clara de Su desagrado. La Biblia enseña que la prosperidad material a menudo es una trampa (Lc 12:15) y que con frecuencia el sufrimiento es una señal de bendición (Mt 5:10; 1 Pe 3:14). La Palabra de Dios no enseña que la vida cristiana consiste *enteramente* en prosperidad física y material ni tampoco que consiste *enteramente* en sufrimiento. Más bien, enseña que en la vida del creyente puede haber períodos de prosperidad y períodos de sufrimiento (Flp 4:12). La Escritura nos llama a no poner nuestros corazones en las riquezas (Sal 62:10) y enseña a los creyentes ricos a no confiar en sus fortunas (1 Tim 6:17).

En contraste con las cuatro creencias principales del evangelio de la prosperidad, la Escritura enseña lo siguiente:

I. En la predicación apostólica de la cruz, Dios llama a las personas a venir a Cristo para recibir el perdón de los pecados. Jesús murió para expiar los pecados de Su pueblo (Hch 2:38; 5:31; 10:43; 13:38; 26:18). El enfoque nunca está en la prosperidad física, financiera o material en esta vida. Si bien Jesús sí asegura bendiciones eternas para Su pueblo mediante Su muerte en la cruz (que incluyen la sanidad física), los creyentes solo llegarán a disfrutar los beneficios completos de la muerte de Cristo en la resurrección que ocurrirá en el día final.

II. Dios le prometió a Abraham que sería heredero del mundo (Rom 4:13). Esta promesa se cumplió en la persona y la obra del Hijo de Abraham, Jesucristo (Gal 3:16). Todos los que creen en Jesucristo son hijos de Abraham y coherederos de la herencia que se le prometió (Gal 3:29). Mediante la misma fe que ejerció Abraham, recibimos las bendiciones de la salvación: la justificación, la adopción, el Espíritu Santo de la promesa y la garantía de la herencia eterna (Gal 3:7-9). Los creyentes no poseerán la totalidad de la herencia hasta la resurrección en el día final (Heb 11:39-40; 13:14).

III. Los creyentes tienen el deber y el privilegio de dar generosamente para la obra del Reino de Dios en esta vida. Cuando el pueblo de Dios da con generosidad, Él hace que Su gracia abunde sobre Su pueblo para que podamos seguir dando con liberalidad (2 Co 9:8-11). La Escritura nunca nos enseña a dar para recibir ni a guardar tesoros para nosotros mismos.

IV. El apóstol Pablo oró fervientemente al Señor para que lo sanara, pero Jesús solo le dijo: «Te basta mi gracia, pues mi poder se perfecciona en la debilidad» (2 Co 12:7-9). Esto no se debió a una falta de fe por parte de Pablo. Dios no nos ha prometido sanidad completa en esta vida. Él solo promete sanarnos completamente cuando resucitemos en el día final.

¿Cómo puedo compartir el evangelio con los que sostienen esta falsa enseñanza?

I. **Enfócate en la vida y la muerte de Cristo para el perdón de pecados.** El mensaje central del evangelio es que Jesús murió por los pecados de Su pueblo. Jesús vertió Su sangre en la cruz para cubrir el pecado de aquellos por quienes murió. El evangelio reconcilia a los pecadores con Dios mediante la persona y la obra de Cristo. El apóstol Pablo explicó el mensaje de la cruz cuando escribió: «Al que no conoció pecado, le hizo pecado por nosotros, para que fuéramos hechos justicia de Dios en Él» (2 Co 5:21); y

«Cristo nos redimió de la maldición de la ley, habiéndose hecho maldición por nosotros (porque escrito está: "Maldito todo el que cuelga de un madero"), a fin de que en Cristo Jesús la bendición de Abraham viniera a los gentiles, para que recibiéramos la promesa del Espíritu mediante la fe» (Gal 3:13-14).

II. **Enfócate en la esperanza de la bendición eterna.** La Biblia anima a los creyentes a creer en Dios y anhelar la herencia eterna que Él ha reservado para nosotros. El apóstol Pedro animó a los creyentes que sufren a recordar que están siendo preservados por Dios para «obtener una herencia incorruptible, inmaculada, y que no se marchitará, reservada en los cielos para vosotros» (1 Pe 1:4). El escritor de Hebreos también enseñó: «Porque no tenemos aquí una ciudad permanente, sino que buscamos la que está por venir» (Heb 13:14). El apóstol Pablo explicó que los sufrimientos que soportamos en esta vida son prerrequisitos para obtener la herencia eterna: «El Espíritu mismo da testimonio a nuestro espíritu de que somos hijos de Dios, y si hijos, también herederos; herederos de Dios y coherederos con Cristo, si en verdad padecemos con Él a fin de que también seamos glorificados con Él» (Rom 8:16-17).

III. **Enfócate en el consuelo que recibimos al participar en los sufrimientos de Cristo.** En toda la Escritura, el sufrimiento se presenta como un prerrequisito para la gloria (Rom 8:17). El mismo Jesús fue «varón de dolores y experimentado en aflicción» (Is 53:5). Su vida fue una de reproches, penurias, dificultades, oposición, pobreza, soledad y sufrimiento (Lc 9:58). Sus discípulos siguieron Sus pasos. De hecho, el único discípulo de Jesús que apostató amaba el dinero (Jn 12:6). Dios ha ordenado que Su pueblo sufra por causa de Cristo en esta vida (Flp 1:29). Ha prometido la resurrección, la salud, la restauración y la abundancia en el mundo venidero (Ap 21:4).

—

PALABRA DE FE

Palabra de Fe es un movimiento cristiano evangélico mundial que enseña que los seres humanos tienen el poder de crear cosas a través del poder de la palabra. Asociado a menudo con los movimientos pentecostal y carismático, Palabra de Fe sostiene que el ser humano, en virtud de haber sido creado a imagen de Dios, es a su vez creador y puede llevar a cabo actos creativos a través de sus palabras como lo hizo Dios en la creación. De esta manera, se anima a los adherentes a decir cosas positivas respecto a sus circunstancias. A su vez, se les exhorta a nunca decir palabras negativas, pues hacerlo podría producir tales cosas. Muchos citan a E. W. Kenyon como el autor de esta enseñanza, y Kenneth Hagin Sr. fue un promotor importante de la misma.

ORAL ROBERTS

▶ 1918-2009

Oral Roberts fue un evangelista, revivalista y sanador espiritual pentecostal y carismático nacido en Estados Unidos. Fue uno de los pioneros del televangelismo y de la teología de la semilla de la fe. Comenzó a predicar en la radio en 1947, y para 1954 ya estaba en la televisión. Luego de leer 3 Juan 2 —«Amado, ruego que seas prosperado en todo así como prospera tu alma, y que tengas buena salud»— concluyó que los cristianos pueden ser ricos. Fundó la Oral Roberts Evangelistic Association y la Oral Roberts University, además de una escuela de medicina y un hospital donde la medicina moderna se combinó con principios de sanación bíblica.

DEÍSMO

¿Qué es el deísmo?

El deísmo es una filosofía religiosa que floreció en los siglos XVIII y XIX, pero sus efectos perduran hasta el día de hoy. Enseña que todas las personas pueden conocer y creer en un Ser supremo —la causa primera de todas las cosas— y conocerlo a través del mero uso de la razón. Históricamente, los deístas a menudo han adoptado una forma modificada de cristianismo que le quita todo elemento sobrenatural a la fe, pero mantiene su instrucción moral. A pesar de que es más un conjunto de ideales filosóficos y religiosos que una religión organizada, el deísmo ofrece una cosmovisión que se opone a lo sobrenatural como alternativa al teísmo cristiano.

¿Cuándo comenzó?

Aunque muchos de los principios del deísmo se remontan a las cavilaciones de los filósofos antiguos, no fue sino hasta la época de Edward Herbert, el barón Herbert de Cherbury (1583-1648) —conocido como el padre del deísmo inglés— que esta filosofía se transformó en una alternativa elaborada al cristianismo bíblico. Herbert se vio muy influenciado por los escritos de los académicos medievales sobre la religión natural. En su influyente obra *De Religione Gentilium* [*Religión pagana*], Herbert sostuvo que es inmoral insistir en que las naciones paganas que no han tenido acceso a la Escritura merezcan ser castigadas por Dios. Herbert desarrolló el principio del deísmo a partir de un deseo de librar del castigo eterno a los que nunca han sido expuestos a la revelación bíblica.

¿Quiénes son las figuras clave?

Muchas figuras influyentes se encuentran entre los renombrados deístas que siguieron a Herbert. Destacados intelectuales, políticos y autores franceses como Voltaire, Napoleón Bonaparte, Víctor Hugo y Julio Verne abogaron por el deísmo. Adam Smith y Thomas Paine estuvieron entre los deístas británicos más influyentes. Muchos han señalado que John Locke promovió el deísmo más que cualquier otro individuo en Inglaterra. Sin embargo, hablando técnicamente, Locke era un sobrenaturalista racional: no aceptaba ni negaba todas las formas de revelación o sobrenaturalismo. En la historia de Estados Unidos, Thomas Jefferson, Benjamin Franklin y Abraham Lincoln fueron deístas. En el siglo XX, el astronauta Neil Armstrong profesó creer en el deísmo. Debido a la falta de proselitismo formal, el deísmo, en su definición clásica, tiene pocos adeptos en la actualidad. No obstante, muchos han afirmado que el «deísmo terapéutico moralista» (DTM) es el principal sistema de creencias religiosas de Estados Unidos en la actualidad. El DTM es una forma de deísmo funcional.[3]

¿Cuáles son las creencias principales?

El deísmo tiene cinco creencias esenciales:

I. **Un Ser supremo:** El deísmo enseña que hay un Dios supremo que hizo todas las cosas y vela por el mundo.

Este Dios ha sido comparado a un gran relojero que le da cuerda al mundo como si fuera un reloj y luego lo deja funcionando según sus propias leyes, sin interferir después de iniciar el proceso. En el pensamiento deísta, la razón —sin la revelación— guía al ser humano hacia el Dios supremo. Los deístas niegan la divinidad de Cristo y sostienen que es irracional creer que hay tres personas en el único Dios verdadero. Aunque el deísmo tiende a enfatizar que Dios no interviene en el mundo, algunos deístas han mantenido una postura sobre la providencia que admite que Dios está guiando a Su creación. De todas formas, no han aceptado la totalidad de la doctrina bíblica de la providencia.

II. **Adoración:** El deísmo llama a la humanidad a adorar al único Dios supremo, pero los deístas difieren en cuanto a la manera concreta de hacerlo. Muchos de ellos creen que la adoración consiste en la búsqueda de una vida virtuosa. Algunos deístas han sostenido una postura sobre el Dios supremo que los lleva a la oración, pero otros no.

III. **Moralidad:** En la cosmovisión deísta, la moral es el fin más alto del hombre. Somos aceptables ante el Dios supremo por nuestra correcta manera de vivir. Todos tenemos el mismo concepto de la virtud y sabemos cómo debemos vivir, especialmente en relación con nuestros semejantes.

IV. **Arrepentimiento:** La gente apacigua al Dios supremo afligiéndose por las cosas que saben que han hecho mal. Los deístas no ven lugar para un Dios que requiera un sacrificio de sangre para satisfacer Su justicia.

V. **Inmortalidad:** Los deístas han diferido sobre si los seres humanos tienen un alma inmortal y sobre la existencia de la vida después de la muerte. Muchos deístas han negado la inmortalidad, mientras que otros la han afirmado. Los deístas que afirman la existencia de una vida después de la muerte han sostenido generalmente que toda la humanidad puede alcanzar la vida eterna haciendo lo que es correcto. En otras palabras, la gente buena o virtuosa va al cielo cuando muere. El deísmo es esencialmente una religión moralista de justicia basada en las obras.

¿Por qué la gente cree en esta falsa enseñanza?

En la época de la Ilustración, el deísmo era extremadamente atractivo para la civilización occidental. Ofrecía una alternativa racional al cristianismo bíblico histórico. Además, el deísmo le prometía a la gente moderna una religión que parecía más compasiva que el cristianismo. El deísmo terapéutico moralista le ofrece a la gente un Dios que no se mete demasiado en sus vidas y que a la vez los anima a ser buenos, justos y amables con los demás. Garantiza la salvación de los que buscan una vida de bondad y gentileza.

¿Cómo esta falsa enseñanza se compara con el cristianismo bíblico?

Aunque Dios se revela a Sí mismo en las cosas que ha creado (Rom 1:19-20), solo podemos conocerlo como Salvador mediante la revelación de Cristo en las Escrituras (Lc 16:29, 31; 24:27, 32, 45; Rom 10:14). El mundo fue creado por la palabra del poder de Dios (Heb 11:3). Él lo sostiene por esa misma palabra (Col 1:17; Heb 1:3). Dios está íntimamente involucrado en el gobierno de cada acción y evento del mundo. Como dijo el Dr. R. C. Sproul: «Si en este universo hubiera una sola molécula rebelde que anduviera suelta, totalmente libre de la soberanía de Dios, entonces no tendríamos la garantía de que ni siquiera una de las promesas de Dios se cumplirá». La salvación es un regalo gratuito de Dios; no está basada en nada de lo que hagamos.

En contraste con las cinco creencias principales del deísmo, la Escritura enseña lo siguiente:

I. **El Ser supremo:** Hay un solo Dios vivo y verdadero, que existe en tres personas distintas: el Padre, el Hijo y el Espíritu Santo. Cada miembro de la Divinidad es digno de nuestra adoración, pues todos los miembros de la Divinidad son «de la misma sustancia, iguales en poder y gloria».[4] El Padre es Dios (1 Co 1:3; Gal 1:3; Ef 1:2), el Hijo es Dios (Jn 1:1; 8:58; 10:30; Flp 2:6; Col 1:15-16; Heb 1:1-3) y el Espíritu Santo es Dios (Hch 5:3-4). Estas tres personas son distintas, pero no constituyen tres dioses diferentes, pues comparten la única esencia divina completa y equitativamente.

II. **Adoración:** Solo Dios es digno de nuestra adoración. Debemos adorar a Dios exclusivamente según Su verdad revelada. Juan 4:24 dice: «Dios es espíritu, y los que le adoran deben adorarle en espíritu y en verdad». Nadie puede acceder a la presencia de Dios sin un mediador. Siendo Dios y hombre, Jesús es el único Mediador entre Dios y los hombres (1 Tim 2:5). Jesús dijo: «Yo soy el camino, y la verdad, y la vida; nadie viene al Padre sino por mí» (Jn 14:6).

III. **Moralidad:** Todas las personas (a excepción de Cristo) han pecado y no alcanzan la gloria de Dios (Rom 3:23). No hay nada que nosotros mismos podamos hacer para llegar a tener una relación correcta con Dios. Dios ha provisto redención en Cristo. La Escritura enseña que Dios nos justifica gratuitamente (nos declara justos y nos perdona) por Su gracia mediante la redención que es en Cristo. La salvación es mediante la fe sola por la gracia sola, no por obras (Ef 2:8-9). No intentamos vivir de una manera moralmente correcta para ser aceptados por Dios. Somos aceptados por Dios y, por lo tanto, procuramos vivir en obediencia agradecida, sometiéndonos a la ley moral de Dios (Ef 2:10).

IV. **Arrepentimiento:** Aunque Dios ordena a todos los hombres en todas partes que se arrepientan de sus pecados (Hch 17:30), nuestro arrepentimiento no expía el pecado. Dios envió a Cristo para que fuera el sacrificio perfecto por nuestros pecados (Heb 7:27; 9:26). La sangre de Jesús cubre todas nuestras ofensas contra Dios (1 Jn 1:7).

V. **Inmortalidad:** Nadie va al cielo debido a sus obras, sino que todo aquel que cree en el Hijo de Dios tendrá vida eterna (Jn 3:15-16, 36; 6:47). La salvación es un regalo gratuito de la gracia de Dios en Cristo. Jesús vivió una vida absolutamente libre de pecado para cumplir las demandas de la ley de Dios como el representante del pueblo de Dios (2 Co 5:21; Gal 4:3-4). Jesús murió bajo la ira de Dios para tomar el castigo de Su pueblo, y Su obediencia perfecta es imputada a todos los que creen en Él, lo que significa que los creyentes tenemos vida eterna debido al bien que Él ha hecho. Dios reserva el cielo para los que confían en la obra completa de redención efectuada por el Hijo (1 Pe 1:3-5).

¿Cómo puedo compartir el evangelio con los que sostienen esta falsa enseñanza?

I. **Enfócate en el poder soberano de Dios para gobernar toda Su creación.** Negar que Dios actúa providencialmente en Su creación es negar a Dios mismo. Si el Creador soberano no está llevando a cabo Su plan según su sapientísimo consejo, el azar se impone. La Escritura enseña que Dios no está alejado de Su creación, sino que interviene en las vidas de Sus criaturas. En lugar de vivir alejados de Dios, la Escritura nos llama a reconciliarnos con Él por la obra salvífica de Jesús. El Dios trascendente se acerca a nosotros en la persona de Jesucristo y por la obra poderosa de Su Espíritu.

II. **Enfócate en la pecaminosidad del hombre.** Si alguien insiste en que Dios nos acepta por nuestra bondad, debemos recordarle lo que dice la Escritura sobre la pecaminosidad del hombre. Somos seres caídos en Adán y estamos bajo la ira y la maldición de Dios (Rom 5:12-21; Gal 3:13). Nacemos muertos en delitos y pecados (Ef 2:1-4), y en nuestra naturaleza pecaminosa somos incapaces de hacer cualquier cosa espiritualmente aceptable para Dios. Todo intento por ganar la aprobación de Dios es una manifestación de justicia propia. Nada de lo que hagamos puede llevarnos a tener una relación correcta con Dios.

III. **Enfócate en la perfección de la persona y la obra salvífica de Cristo.** Es solamente en Cristo que Dios acepta a los pecadores. Jesús es Dios encarnado, y tomó el pecado de Su pueblo sobre Sí mismo en la cruz para reconciliarnos con Dios y hacernos justos ante Él (Rom 3:21-26; 2 Co 5:21; 1 Tim 3:16; 1 Pe 2:4; 3:18). Jesús recibió la ira infinita de Dios para expiar todo el pecado de Su pueblo. Dado que Jesús sufrió el castigo que Su pueblo merece, ninguno de los que confían solo en Él para salvación sufrirá la muerte eterna, sino que todos ellos heredarán la vida eterna.

—

DEÍSMO TERAPÉUTICO MORALISTA

Deísmo terapéutico moralista es un término acuñado por los sociólogos Christian Smith y Melinda Lundquist Denton en su libro Soul Searching: *The Religious and Spiritual Lives of American Teenagers* [*Examinando el alma: Las vidas religiosas y espirituales de los adolescentes estadounidenses*] (2005). Se refiere a una variante del deísmo funcional que, aunque no constituye un sistema religioso completo o formal, a veces es descrito como el principal sistema de creencias en Estados Unidos, sobre todo entre los jóvenes. El DTM tiene cinco creencias centrales: existe un Dios; Él quiere que la gente sea buena con los demás; el fin de la vida es ser feliz; Dios no se involucra en los asuntos humanos excepto para resolver problemas y la gente buena va al cielo cuando muere.

EDWARD HERBERT

▶ 1583-1648

Edward Herbert, primer barón Herbert de Cherbury, fue un político, soldado, diplomático, poeta y filósofo inglés. Educado en Oxford, Herbert se desempeñó como parlamentario, soldado en varias campañas europeas y embajador en Francia, donde negoció con éxito el matrimonio de Enriqueta María con el futuro rey Carlos I de Inglaterra. En su libro *De Veritate* [*Sobre la verdad*, 1624], Herbert intentó establecer que la razón es la guía más segura para hallar la verdad; rechazó la revelación como fuente de verdad y en su lugar procuró construir una religión natural.

LEGALISMO Y ANTINOMIANISMO

¿Qué son el legalismo y el antinomianismo?

Los términos *legalismo* y *antinomianismo* describen dos falsas enseñanzas sobre la relación entre la ley y el evangelio. El legalismo es la insistencia de que una persona es aceptada por Dios en base a su cumplimiento de la ley. Enseña que somos declarados justos ante Dios por nuestra propia observancia de la ley divina o de reglas y normas creadas por el hombre. El antinomianismo afirma que Dios no requiere que el creyente obedezca la ley moral (es decir, los Diez Mandamientos). En su forma más extrema y perversa, el antinomianismo permite una conducta inmoral basada en la indulgencia de la gracia.

¿Cuándo comenzaron?

El legalismo y el antinomianismo tienen sus raíces en la caída de Adán. Toda la humanidad está predispuesta a estos dos errores morales y teológicos. En consecuencia, han surgido innumerables formas de legalismo y antinomianismo a lo largo de la historia. El legalismo y el antinomianismo son la base de todo tipo de falsas enseñanzas y herejías.

¿Quiénes son las figuras clave?

Legalismo

Jesús reprendió a los líderes religiosos de Israel por sus enseñanzas y vidas hipócritas y arrogantes (Mt 23:4; Lc 18:9). El apóstol Pablo defendió a viva voz el evangelio contra el legalismo doctrinal que plagaba la Iglesia primitiva (Gal 1 – 3; 1 Tim 1:6-7).

La Iglesia católica ha promovido por largo tiempo un elaborado sistema de legalismo religioso, lo cual se evidencia muy claramente en su ascetismo monástico, su sistema de penitencias, su sacramentalismo y su énfasis en el mérito.[5] El catolicismo romano niega la doctrina bíblica de la justificación por la fe sola en Cristo solo, y enseña que las personas son justificadas por la fe en Cristo junto con sus buenas obras, que son producidas por el Espíritu.

A lo largo de los siglos, el legalismo doctrinal y práctico ha emergido en las iglesias evangélicas y protestantes. Al obligar a los miembros a observar reglas y normas hechas por seres humanos, muchas iglesias han promovido un legalismo centrado en el hombre (Col 2:20-23).

En décadas recientes, los defensores de la(s) Nueva(s) perspectiva(s) de Pablo han enseñado que el hecho de que una persona finalmente llegue a ser considerada justa ante Dios depende de su obediencia a los mandamientos divinos.

Las religiones falsas como el islam, el judaísmo y el budismo son formas no cristianas de legalismo, ya que proclaman una salvación basada en obras, en la que vamos al cielo o experimentamos el nirvana debido a nuestras buenas obras.

Antinomianismo

En la Iglesia primitiva, ciertos falsos maestros promovieron la idea de que la gracia de Dios tolera la vida libertina (ver 2 Pedro y Judas). Algunos autorizaron impíamente

"

AL QUE NO
CONOCIÓ PECADO,
LE HIZO PECADO
POR NOSOTROS,
PARA QUE FUÉRAMOS
HECHOS JUSTICIA
DE DIOS EN ÉL.

2 CORINTIOS 5:21

la inmoralidad sexual en nombre de la gracia (Jud 4). El apóstol Juan luchó contra las ideas antinomianas en su primera epístola (1 Jn 2:4).

A lo largo de la historia de la Iglesia, el antinomianismo ha aparecido en formatos menos explícitos y perversos que los vistos en la Iglesia primitiva. Martín Lutero escribió la obra *Contra los antinomianos* para refutar la enseñanza errónea del antinomiano neoluterano Johannes Agricola. Edward Fisher escribió *The Marrow of Modern Divinity* [*La médula de la divinidad moderna*] para hacer frente al legalismo y el antinomianismo que había detrás de ciertas vertientes del movimiento puritano. Este libro también fue el centro de un debate respecto al antinomianismo en la Iglesia de Escocia en el siglo XVIII.[6] Durante el siglo XX, algunos maestros dispensacionalistas importantes promovieron una forma de antinomianismo denominada «cristianismo fácil» [*easy-believism* en inglés].

¿Cuáles son las creencias principales?

En la iglesia, el legalismo aparece cuando gente enseña o cree las siguientes ideas:

I. **Entramos por gracia; permanecemos guardando la ley.** Si bien la mayoría de las formas de legalismo dentro de la Iglesia niegan el mérito estricto, en el sentido de que afirman la necesidad de la gracia, casi todas ellas insisten en que las buenas obras de los individuos son necesarias para su justificación final ante Dios en el día del juicio. El catolicismo romano enseña que las personas son justificadas inicialmente en el bautismo.[7] Sin embargo, su derecho final a presentarse ante Dios depende de una vida de cumplimiento continuo de rituales religiosos y de buenas obras producidas por el Espíritu.

II. **Merecemos la justicia.** El legalismo enseña que la gente puede cooperar con Dios para ganarse la aceptación por sus obras. Aunque esta postura no involucra mérito en su sentido estricto, sí refleja un esquema meritorio de la salvación. El legalismo a menudo va acompañado de una actitud arrogante por parte de los que lo defienden. Tal como explicó Lucas, los fariseos «confiaban en sí mismos como justos, y despreciaban a los demás» (Lc 18:9). Los judíos de los tiempos de Pablo procuraban «establecer su propia justicia» (Rom 10:3, RVC).

El antinomianismo es evidente en estas dos creencias:

I. **Gracia, no ley.** El antinomianismo enseña que como la gracia de Dios es mayor que todo nuestro pecado, ya no tenemos ninguna obligación de obedecer la ley divina. Si las buenas obras no cuentan para nuestra justificación —para que seamos declarados justos a los ojos de Dios—, entonces son innecesarias en la vida cristiana. Muchas enseñanzas antinomianas niegan que la gente pueda desagradar a Dios por su desobediencia. En consecuencia, los creyentes ya no necesitan prestar atención a las advertencias de la Escritura.

II. **Solamente justificación.** Muchas formas de antinomianismo se centran únicamente en la justificación por la fe sola en Cristo y, por lo tanto, niegan funcionalmente la santificación. En la enseñanza del antinomianismo neoluterano, la fe no resulta en que el creyente siga los caminos de la obediencia a Dios. En el antinomianismo dispensacional, los Diez Mandamientos han sido cumplidos por Cristo y ya no tienen vigencia para los creyentes.

¿Por qué la gente cree en estas falsas enseñanzas?

Nuestros depravados corazones humanos gravitan hacia el legalismo y el libertinaje. La inclinación a ganarnos la salvación está enraizada en nuestra naturaleza pecaminosa. El legalismo se alimenta del orgullo de la humanidad, pues le ofrece una forma de compensar los males que hemos hecho. Convence a las conciencias de la gente de que ellos mismos tienen lo que necesitan para conseguir la justicia ante Dios y los hombres.

El antinomianismo obra en la conciencia de las personas para convencerlas de que Dios no requiere que nos volvamos de nuestros malos caminos. Presenta un cristianismo que no requiere ningún esfuerzo personal ni ninguna lucha espiritual contra el pecado. Ofrece una versión falsificada de la verdadera libertad que Cristo da a los creyentes.

¿Cómo estas falsas enseñanzas se comparan con el cristianismo bíblico?

En contraste con las dos doctrinas principales del legalismo, la Escritura enseña lo siguiente:

"

NO HAGO NULA

LA GRACIA DE

DIOS, PORQUE SI

LA JUSTICIA VIENE

POR MEDIO DE

LA LEY, ENTONCES

CRISTO MURIÓ

EN VANO.

GÁLATAS 2:21

I. No comenzamos la vida cristiana confiando en Cristo y luego la completamos con nuestras obras (Gal 3:1-4; Ef 1:3-14; Flp 1:6). La justificación es un acto irreversible y definitivo de Dios por el cual Él perdona todos los pecados de los creyentes y los acepta como justos solo por la justicia imputada de Cristo (Gn 15:6; Rom 3:21-22; 4:1-5). La santificación de un cristiano no añade nada a su posición ante Dios. Los creyentes no pueden perder su posición ante Dios por su pecado, aunque Dios puede castigarlos por ello.

II. La ley de Dios requiere obediencia perfecta (Gal 3:10-11). Cristo nació sujeto a la ley para lograr la justicia perfecta para Su pueblo (Gal 4:4). Como el último Adán, Jesús obedeció perfectamente la ley de Dios. Donde Adán pecó, Jesús obedeció. Dios produce buenas obras en los creyentes después de aceptarlos en Cristo, pero estas obras no tienen peso alguno con respecto a su posición ante Él (Ef 2:8-10).

En oposición a las dos doctrinas principales del antinomianismo, la Escritura enseña lo siguiente:

I. La gracia justificadora de Dios es mayor que todo nuestro pecado (Rom 5:21) y produce santidad en las vidas de los que Él ha justificado. El apóstol Pablo defendió el evangelio de los cargos de antinomianismo explicando que la unión del creyente con Cristo se traduce en santidad (Rom 6:1-14). Con frecuencia, Pablo defendió el papel de la ley en la vida del cristiano (Rom 13:9; Ef 6:1). Aunque nadie es justificado por guardar la ley, los creyentes cumplen la ley de Dios a través del amor (Gal 5:14). Cada creyente debe tomar las advertencias de Dios con la mayor seriedad (1 Co 6:9-10).

II. En la justificación, Jesús expía la culpa de nuestros pecados. En la santificación, Jesús, que ha roto el poder del pecado, nos capacita para vivir cada vez más para Él (Rom 6:6-10). Mientras que la justificación es un acto único e irrepetible de Dios, la santificación es un proceso continuo en la vida del creyente. Los cristianos están llamados a plasmar en sus vidas cristianas lo que Dios está obrando en ellos (Flp 2:12-13). Eso incluye el procurar activamente una vida de santidad y obediencia a los mandamientos de Dios.

¿Cómo puedo compartir el evangelio con los que sostienen estas falsas enseñanzas?

I.   **Enfócate en los muchos rechazos de estos errores en las Escrituras.** La Escritura refuta constantemente las falsas enseñanzas del legalismo y el libertinaje. En el Antiguo Testamento, Dios siempre llama al Israel rebelde a arrepentirse de sus obras libertinas. En los evangelios, Jesús reprende una y otra vez a los líderes religiosos de Israel por su legalismo. En las epístolas, los apóstoles abordan las peligrosas falsas enseñanzas tanto del legalismo como del libertinaje. Cuanto más guiemos a los demás a la Escritura para que vean la prevalencia de estos errores, más podremos ayudar a convencerlos de lo peligroso que es adoptarlos y más útiles seremos para darles el remedio del evangelio.

II. **Enfócate en la enseñanza bíblica sobre la depravación del corazón humano.** Ya que el legalismo y el antinomianismo surgen de la depravación pecaminosa del corazón humano, podemos ayudar a otros a apartarse de estos errores si les señalamos lo que las Escrituras enseñan sobre nuestra condición pecaminosa. La Biblia enseña que todos por naturaleza estamos «muertos en... delitos y pecados» (Ef 2:1-5). Por nosotros mismos, somos incapaces de hacer algo espiritualmente agradable a Dios (Rom 5:6; Ef 2:12). Todas nuestras obras sin Cristo son violaciones de la ley de Dios que nos hacen merecedores del eterno furor y juicio de Dios (Mt 7:23).

III. **Enfócate en la suficiencia de la persona y la obra de Cristo.** El mensaje del Cristo crucificado es la cura para el legalismo y el antinomianismo. Jesús murió para lidiar con nuestra justicia propia y nuestro libertinaje. Cristo vino como el último Adán (Rom 5:12-21). No tenemos justicia fuera de Él. Cuando entendamos que recibimos Su justicia imputada por la fe sola, dejaremos de intentar establecer una justicia propia por medio de nuestro desempeño (Flp 3:9). Al reconocer que Jesús murió para expiar nuestra iniquidad (1 Jn 3:4), desearemos vivir una vida de obediencia a Sus mandamientos. Cuando entendemos que Cristo es la fuente de la santificación de los creyentes (1 Co 1:30), anhelamos conformarnos cada vez más a Su imagen.

—

LA CONTROVERSIA DE LA MÉDULA

La controversia de la médula fue una disputa surgida en la Iglesia de Escocia durante el siglo XVIII en torno a la relación entre la ley y el evangelio, y entre el legalismo y el antinomianismo. Fue provocada por una declaración conocida como el

Credo de Auchterarder: «No es sano ni ortodoxo enseñar que debemos abandonar el pecado para acudir a Cristo». En 1717, un candidato ministerial se negó a afirmar tal declaración, lo que expuso una división en la Iglesia. La Asamblea General condenó la declaración, causando protestas del grupo llamado los *hombres de la médula*; estos fueron opuestos por los neonomistas, que consideraban que la fe y el arrepentimiento cumplían las condiciones legales de la «nueva ley» que eran necesarias para la salvación. El título *hombres de la médula* viene del libro *La médula de la divinidad moderna*, escrito por Edward Fisher y republicado en 1718. El libro trazaba un camino entre el legalismo y el antinomianismo; fue prohibido por la Asamblea General, pero promovido por Thomas Boston, que escribió y publicó notas extensas sobre él.

II.

SECTAS

INTRODUCCIÓN A

SECTAS

Con frecuencia, los académicos han utilizado la palabra *secta* como designación común de una comunidad religiosa desarrollada en torno a un nuevo conjunto de creencias y prácticas. Durante los últimos siglos, ha habido numerosas sectas religiosas compitiendo con el cristianismo bíblico. En el uso común que le dan los cristianos, la palabra *secta* normalmente conlleva la idea de una religión falsificada con elementos de doctrina cristiana acompañados de enseñanzas nuevas y antibíblicas, ideadas por una figura fundadora persuasiva. Las sectas de ese tipo son organizaciones religiosas que se asocian con la Biblia, pero se desvían sustancialmente del cristianismo bíblico presentado en las confesiones y los credos históricos de la fe cristiana. Hay tres características comunes de toda secta: en primer lugar, una estructura de liderazgo jerárquica y autoritaria; en segundo lugar, una serie de doctrinas y prácticas extremadamente restrictivas a las que el liderazgo del movimiento ata las conciencias de los miembros; y, en tercer lugar, la aceptación de revelación extrabíblica (que por lo general surge con el líder fundador del movimiento) o la creencia de que solo la figura fundadora de la secta u organización ha interpretado la Biblia correctamente. Si recordamos estas características mientras meditamos en los diversos movimientos religiosos asociados con la Biblia que procuran definirse como cristianos, seremos capaces de identificar correctamente las sectas y de defender la verdadera fe cristiana de sus doctrinas y prácticas antibíblicas.

En su obra *The Four Major Cults* [*Las cuatro sectas principales*], publicada en 1963, Anthony Hoekema resaltó las enseñanzas y las prácticas de cuatro sectas religiosas aberrantes: la Iglesia de Jesucristo de los Santos de los Últimos Días (los mormones), el adventismo del séptimo día, la ciencia cristiana y los testigos de Jehová. Los mormones, los cientistas cristianos, los adventistas del séptimo día y los testigos de Jehová tienen raíces que se remontan al siglo XIX, y se originaron en estrecha proximidad geográfica en el contexto del entusiasmo religioso del avivamiento. Hacia mediados del siglo XX, el mormonismo, la ciencia cristiana y los testigos de Jehová eran las sectas más ampliamente reconocidas en Estados Unidos, mientras que los desarrollos del adventismo del séptimo día hicieron que muchos lo sacaran de la lista de las sectas y lo identificaran como una expresión idiosincrásica de la fe cristiana. Junto al movimiento contracultura de fines de los años 60, surgió una nueva ola de sectas comunitarias más pequeñas en Estados Unidos, que incluyó el Templo del Pueblo de los Discípulos de Cristo, fundado por Jim Jones; los niños de Dios, una secta formada por David Berg, y los davidianos de la rama, liderados por David Koresh.

Para el 2019, ya había aproximadamente veinticinco millones de miembros de las tres principales sectas en todo el mundo (mormonismo, ciencia cristiana y testigos de Jehová). Por lo tanto, es vital que los cristianos conozcamos la historia y las creencias básicas de cada una de estas organizaciones. Muchos miembros de estas sectas prominentes son parte integral de la sociedad, la academia, la política y la industria del entretenimiento. Estudiar la historia, las creencias esenciales y las figuras importantes de estos grupos ayudará a los cristianos a dialogar con los miembros de estos movimientos religiosos antibíblicos. En esta sección, ofrecemos un breve resumen de la historia y las enseñanzas del mormonismo, la ciencia cristiana y los testigos de Jehová, contrastando sus creencias esenciales con las enseñanzas de la Escritura y ofreciendo algunas recomendaciones para compartir el evangelio de una forma más efectiva con los que han caído en el lazo de estas organizaciones espiritualmente destructivas. Nuestro deseo sincero es que este material te ayude a estar mejor equipado para defender la fe cristiana de las enseñanzas falsas de estas sectas, a fin de que el Señor te use para rescatar a los que han sido descarriados por ellas.

MORMONISMO

¿Qué es el mormonismo?

La Iglesia de Jesucristo de los Santos de los Últimos Días, también conocida como Iglesia SUD o Iglesia mormona, es una de las mayores sectas religiosas en el mundo. Para el 2019, la religión mormona contaba con más de 16,3 millones de miembros.[8] El mormonismo enseña que hay muchos dioses y que el Padre, el Hijo y el Espíritu Santo son tres dioses independientes entre muchos otros. Además, también sostiene que es posible que los humanos asciendan hasta llegar a convertirse en dioses. La obediencia a las leyes morales y la observancia de rituales religiosos son centrales para la fe mormona.

¿Cuándo comenzó?

La Iglesia mormona fue fundada por José Smith Jr. Nacido en Vermont en 1805, Smith asistió a iglesias metodistas y presbiterianas durante su niñez. En 1820, afirmó haber tenido una visión reveladora de dos seres divinos que, según él, eran Dios el Padre y Jesucristo. Le enseñaron que todas las denominaciones protestantes estaban equivocadas.[9] En 1823, dijo que un ángel llamado Moroni le mostró varias planchas de oro con inscripciones religiosas. Supuestamente, este ángel también le dio un par de piedras de vidente, que denominó urim y tumim, las cuales se podía colocar como si fueran unas gafas para poder interpretar las inscripciones. En 1827, Smith comenzó a traducir las planchas con la ayuda de Oliver Cowdery, un conocido suyo. Smith no tradujo en el sentido convencional, que implica trabajar a partir del texto, sino que se colocaba las piedras delante de sus ojos, ponía su rostro en un sombrero y luego la traducción inglesa le aparecía de la nada. Cowdery escribía lo que Smith le dictaba, y el resultado de este proceso colaborativo fue *El libro de mormón*.

En 1830, Smith fundó una institución que denominó la

Iglesia de Cristo. En 1838, le cambió el nombre a la Iglesia de Jesucristo de los Santos de los Últimos Días. Además de *El libro de mormón*, Smith escribió la mayor parte de otro libro que forma parte de las escrituras mormonas, denominado *Doctrina y convenios*, y un último libro escritural titulado *La perla de gran precio*. Smith se movió por todo Estados Unidos hasta que en 1844 las autoridades lo arrestaron en Illinois bajo los cargos de sedición, perturbación del orden público y poligamia. Una turba enardecida irrumpió en la prisión y mató a Smith y a su hermano Hyrum. Brigham Young, un líder de la comunidad mormona primitiva, relevó a Smith luego de una crisis sucesoria y guio a sus discípulos hacia la cuenca del Gran Lago Salado, ubicada en el territorio de Utah, donde fundaron Salt Lake City.

¿Quiénes son las figuras clave?

La Iglesia mormona ha tenido diecisiete presidentes desde su fundación. Después de Smith, Young —el segundo presidente de la iglesia— es la figura más importante en su historia.

En Estados Unidos, ha habido numerosos mormones influyentes en la educación, los medios de comunicación, el entretenimiento, los deportes y la política. Entre los atletas mormones más célebres se encuentran Steve Young (descendiente de Brigham Young), mariscal de campo de la NFL; Jack Dempsey, campeón de boxeo de peso pesado; y Danny Ainge, jugador, entrenador y directivo de la NBA. Los exsenadores estadounidenses Harry Reid y Orrin Hatch son mormones practicantes. El senador Mitt Romney es uno de los miembros más reconocidos de la iglesia SUD en la actualidad. Algunos de los mormones y exmormones destacados de la industria del entretenimiento son Glenn Beck, Aaron Eckhart, Gladys Knight y Donny y Marie Osmond.

¿Cuáles son las creencias principales?

El mormonismo tiene cuatro creencias principales:

I. **Revelación continua.** Las cuatro fuentes escritas de revelación según la Iglesia SUD son *El libro de mormón*, *Doctrina y convenios*, *La perla de gran precio* y la *Santa Biblia: Reina-Valera 2009*. No obstante, según el mormonismo, la revelación divina no se limita a estos libros, sino que también incluye las declaraciones de profetas

"

COMO ES EL
HOMBRE AHORA,
FUE DIOS UNA VEZ;
COMO ES DIOS
AHORA, EL HOMBRE
PUEDE SER.

LORENZO SNOW

que están vivos. La iglesia ha desarrollado su doctrina y práctica a lo largo del tiempo, incluso después de la muerte de su fundador. Su presidente es considerado un profeta viviente y los miembros son animados a buscar revelaciones personales. Según la iglesia: «Los Santos de los Últimos Días creen en un canon bíblico abierto, lo que implica que hay otros libros de Escritura además de la Biblia (como *El libro de mormón*) y que Dios sigue revelando Su Palabra a través de profetas vivientes».[10]

II. **Deidad humanizada.** La creencia en una pluralidad de dioses que existieron previamente como espíritus materiales es fundamental para la doctrina de los SUD. El Dios de este mundo era un hombre que se transformó en dios. Smith dijo: «Dios mismo fue como nosotros somos ahora y es un hombre exaltado... Hemos imaginado y supuesto que Dios fue Dios desde la eternidad. Voy a refutar esa idea... Dios mismo, el Padre de todos nosotros, habitó sobre una tierra, como lo hizo el mismo Jesucristo».[11] Así como Dios ascendió hasta llegar a la deificación, también los justos —hombres o mujeres— pueden llegar a ser dioses. Esta idea fue resumida por Lorenzo Snow, expresidente de la iglesia, de la siguiente forma: «Como es el hombre ahora, fue Dios una vez; como es Dios ahora, el hombre puede ser».[12]

Jesús es el Hijo de Dios engendrado desde la eternidad; sin embargo, no es el Dios supremo. Smith escribió: «Los apóstoles descubrieron que había dioses en lo alto... habiendo un Dios superior, el Padre de nuestro Señor Jesucristo».[13] Según Smith, Jesús era un ser espiritual eterno que —junto con su hermano espiritual Lucifer— se encarnó para ser probado y convertirse en un dios.

III. **Humanidad preexistente.** Todo ser humano existía antes de nacer como un hijo espiritual eterno. Smith enseñó: «Antes de venir a la tierra en un cuerpo temporal, el hombre —como espíritu— es engendrado por padres celestiales, nace y es criado hasta alcanzar la madurez en las mansiones eternas del Padre».[14] El hombre debe procurar convertirse en un dios en el más allá viviendo una vida recta.

IV. **Expiación y vida después de la muerte.** Los mormones creen que Jesús es el redentor que murió en la cruz, pero no para expiar el pecado, sino para garantizar la resurrección de todas las personas. Luego de la muerte, las almas humanas pasan al mundo espiritual, donde esperan la resurrección y el juicio final. Hay tres niveles de gloria a los que la gente puede ser asignada después del juicio final, dependiendo de su aceptación y obediencia a las enseñanzas y ordenanzas mormonas: el reino telestial, el reino terrestre y el reino celestial. Las tinieblas de afuera están reservadas para los que no alcanzan ninguno de esos niveles de gloria.

Los que rechazan el evangelio mormón y continúan en pecado son enviados al reino telestial, el nivel más bajo de gloria. Los habitantes espirituales del reino telestial sirven a Dios, pero no pueden entrar a Su presencia. Cuando Cristo establezca Su reino milenial en la tierra, los miembros del reino telestial vivirán como espíritus encarcelados hasta el fin de ese período. En segundo lugar, está el reino terrenal, el destino de los que viven vidas rectas, pero no aceptan el evangelio mormón. Los que entran al reino terrenal experimentan la presencia de Jesús, pero no la plenitud de Dios el Padre. Solo los justos —los que han vivido según las enseñanzas mormonas y han observado las ordenanzas mormonas— van al reino celestial, donde pueden transformarse en dioses y poblar sus propios planetas junto a sus cónyuges. Es posible ascender de nivel de gloria incluso después de la muerte si uno cree el evangelio mormón en el mundo espiritual y recibe las ordenanzas mormonas de manera vicaria. Además de estos niveles de gloria, hay un lugar llamado las tinieblas de afuera, que es el destino de Satanás y sus ángeles, y también el de los humanos que han cometido el pecado imperdonable (que con frecuencia se interpreta como apostatar del mormonismo).

¿Por qué la gente cree en esta falsa enseñanza?

Los seguidores de Smith lo consideraron un mártir. La persecución de las sectas de Estados Unidos en el siglo XVIII fue un motor para la esperanza escatológica de los discípulos mormones. Hoy en día, el crecimiento del mormonismo se debe a su proselitismo. Todos los hombres mormones son capacitados y enviados a las misiones por dos años. El mormonismo promueve las familias numerosas y proyecta una imagen de valores familiares saludables que a menudo están ausentes en nuestra sociedad. El moralismo de la religión mormona es una de las características que más atrae a los no regenerados.

¿Cómo esta falsa enseñanza se compara con el cristianismo bíblico?

En contraste con las cuatro creencias principales del mormonismo, la Escritura enseña lo siguiente:

I.   El Antiguo y el Nuevo Testamento son la única revelación escrita de Dios, inspirada e infalible (2 Tim 3:16; 2 Pe 1:20-21). Dios ha dado fuertes advertencias contra los que añaden a Su Palabra o sustraen de ella (Ap 22:18-19). La Biblia enseña que muchos falsos profetas propagarán herejías destructoras (Mt 7:15; 24:11, 24; 2 Pe 2:1; 1 Jn 4:1). El apóstol Pablo instó a los creyentes a ser diligentes en preservar la verdad del evangelio frente a los ataques de evangelios falsos proclamados por hombres o ángeles (Gal 1:8).

II. El Dios de la Escritura es el Dios vivo y verdadero (Dt 6:4; 29:18; Sal 96:5; 1 Tes 1:9). Dios ha sido, es y siempre será el Dios eternamente inmutable (Ex 3:14; Mal 3:6; Jn 8:58). Dios es espíritu y existe eternamente en tres personas (Mt 28:19; Jn 4:24; 2 Co 13:14). Jesús es la segunda persona de la Divinidad y es Dios encarnado (Jn 1:14). El Hijo es igual al Padre y al Espíritu en todas las cosas (Jn 1:1; 10:30; Rom 9:5; Flp 2:6; Heb 1:3).

III. Dios nos hizo a Su propia imagen en conocimiento, justicia y santidad (Gn 1:26; Ef 4:24; Col 3:10). El hombre no existía antes de la creación. La Escritura no enseña en ninguna parte que las personas se conviertan en dioses.

IV. Jesús murió en la cruz en lugar de Su pueblo para expiar sus pecados (1 Co 15:3; 2 Co 5:21; 1 Pe 2:24) y propiciar la ira de Dios (Rom 5:9; 8:1; 1 Tes 1:10; 1 Jn 2:2). Jesús murió para salvar a Su pueblo de sus pecados y de la ira eterna (Mt 1:21). En el día final, todos los que creen en Cristo resucitarán para vida eterna (Mr 10:30; Jn 3:15-16, 36; 5:24), y todos los que no hayan creído resucitarán para ser castigados eternamente en el infierno (Mt 18:8; 25:46; Mr 9:44; 2 Tes 1:9; Jud 6-7).

¿Cómo puedo compartir el evangelio con los que sostienen esta falsa enseñanza?

I. **Enfócate en la infalibilidad, la inerrancia y la autoridad de la Escritura.** Las Escrituras del Antiguo y del Nuevo Testamento son la única Palabra de Dios infalible, inerrante y autoritaria (Pr 30:5; Jn 17:17; 2 Tim 3:16; 2 Pe 1:20-21). Si es posible, usa la versión Reina-Valera de la Biblia cuando testifiques a los mormones. Como los mormones usan la Reina-Valera, si la utilizas en tus encuentros con ellos, te será más fácil testificarles que si lo hicieras con una versión moderna de la Biblia en español. Enfócate en la prohibición final de la Biblia contra la revelación continua (Ap 22:18-19).

II. **Enfócate en la verdad bíblica sobre el Dios triuno.** La enseñanza bíblica sobre la Divinidad es esencial para ayudar a un mormón a ver la verdad (Mt 28:19; 2 Co 13:14). Explica cómo la Biblia habla a veces del Dios triuno tal y como es en Sí mismo y otras veces de las distintas funciones de los miembros de la Divinidad en la obra de la redención. Explica los pasajes que tratan sobre la deidad de Cristo (Jn 1:1-3; Rom 9:5; Col 1:15-16; Heb 1:1-3, 8-12), y también los pasajes que hablan de Su papel sumiso como el Mediador en la obra de redención (Jn 10:29; 1 Co 11:3; 1 Tim 2:5-6).

III. **Enfócate en la enseñanza bíblica sobre el evangelio.** La salvación es por la gracia sola mediante la fe sola en Cristo solo (Gal 1:8; Ef 2:8-9). Jesús es Dios «manifestado en la carne» (1 Tim 3:16; ver Jn 1:14). Una mera criatura nunca podría expiar los pecados de otra criatura, mucho menos los de una multitud. Solo Jesús, el infinito y eterno Dios encarnado, podía venir y entregarse en la cruz como sustituto por los pecados de Su pueblo. Él no solo hizo que la salvación fuera posible al garantizar nuestra resurrección, sino que de hecho la completó mediante Su sacrificio único, irrepetible y perfecto a favor de Su pueblo. La salvación no se basa en nuestra obediencia; se basa totalmente en la obra completa de Cristo.

—

EL LIBRO DE MORMÓN

El *libro de Mormón* es uno de los cuatro textos sagrados de la Iglesia SUD. Fue publicado en 1830 por José Smith. Pretende ser un relato sobre los antiguos habitantes de Norteamérica: los jareditas, los nefitas y los lamanitas. Se dice que estos grupos se originaron en el antiguo Cercano

Oriente. Los jareditas llegaron a América después de la torre de Babel, mientras que los nefitas y los lamanitas hicieron su viaje poco antes de la caída de Jerusalén en 586 a. C. El clímax del libro es la aparición de Cristo resucitado en el libro llamado Tercer Nefi, que los mormones ven como el cumplimiento de Sus palabras respecto a «otras ovejas que no son de este redil» (Jn 10:16). La aparición de Jesús marcó el comienzo de un renacimiento, pero los habitantes pronto volvieron a dividirse en facciones antagónicas. Se dice que el libro fue recopilado por un hombre llamado Moroni, que escondió los registros en lo que ahora es el estado de Nueva York. Se apareció como un ángel a Smith, lo guió hasta las planchas y le dio los medios para traducirlas del «egipcio reformado».

CIENCIA CRISTIANA

¿Qué es la ciencia cristiana?

La ciencia cristiana es un movimiento religioso originado en el siglo XIX que se basa en los escritos de Mary Baker Eddy, fundadora de la Iglesia de Cristo, Científico. Su libro *Ciencia y salud con clave de las Escrituras* constituye la fuente principal de las enseñanzas de la ciencia cristiana. *Ciencia y salud* contiene la interpretación de Eddy de partes de la Escritura, combinada con sus enseñanzas sobre la ciencia y el poder de la mente sobre la materia para la sanidad física. Se estima que hoy en día hay unas dos mil congregaciones de la ciencia cristiana a nivel mundial, a menudo representadas por salas de lectura ubicadas en calles céntricas.

¿Cuándo comenzó?

Mary Ann Morse Baker nació en New Hampshire, Estados Unidos, en 1821. Durante gran parte de su juventud sufrió de enfermedades recurrentes, por lo que visitó al mentalista Phineas Quimby en 1864 buscando instrucción sobre los principios del poder divino de la mente sobre la materia para la sanidad física. El 1 de febrero de 1866, Mary se lesionó gravemente al resbalar y golpearse la cabeza contra el hielo. Después de que el doctor le dijera que solo le quedaban unos pocos días de vida, Mary tomó una Biblia, leyó sobre la sanación del paralítico en Mateo 9:1-8 y aplicó los principios metafísicos de la mente sobre la materia que había aprendido de Quimby. Al hacerlo —afirmó ella— experimentó una sanidad completa. Ese fue el comienzo de la nueva religión de Mary, a la que denominó *ciencia cristiana*, insistiendo en que era básicamente un rescate del cristianismo primitivo. En 1875, fundó la *Sociedad Editorial de la Ciencia Cristiana* con el propósito de publicar y diseminar copias del libro *Ciencia y salud*. En 1879, fundó la Iglesia de Cristo, Científico.

¿Quiénes son las figuras clave?

Aunque Eddy es la única maestra prominente de la Iglesia de la ciencia cristiana, la organización tiene en sus filas a varias figuras bien conocidas y a personas conectadas con gente famosa. Audrey Hepburn, Elizabeth Taylor, Henry Fonda, Robin Williams, Robert Duvall, Kelsey Grammer, Ellen DeGeneres y los padres de Marilyn Monroe fueron miembros practicantes en algún momento de sus vidas. Ginger Rogers y Joan Crawford fueron miembros de la iglesia hasta sus muertes. La gimnasta Shannon Miller, medallista de oro en los Juegos Olímpicos, creció en un hogar de seguidores de la ciencia cristiana.

¿Cuáles son las creencias principales?

Debido a la naturaleza profundamente mística y filosófica de los escritos de Eddy, se hace difícil sistematizar su doctrina. Sin embargo, las siguientes enseñanzas son centrales en sus escritos:

I. **Monoteísmo místico y antitrinitario.** Según Mary Baker Eddy, la mente y la inteligencia son Dios. «La inteligencia es omnisciencia, omnipresencia y omnipotencia. Es la cualidad primordial y eterna de la Mente infinita, del Principio trino —la Vida, la Verdad y el Amor— denominado Dios... la Mente es Dios».[15] Eddy rechazó el trinitarianismo cristiano histórico. Escribió: «La teoría de que existen tres personas en un Dios (es decir, una Trinidad o Tri-unidad personal) apunta más bien al politeísmo que al único y siempre presente YO SOY».[16] Eddy redujo a Dios a un principio filosófico universal del que participan todos los seres humanos a través de la mente y el intelecto.[17]

II. **Negación de la caída, el pecado, la miseria y la muerte.** Eddy negó la caída. Si Dios es perfecto, el hombre —la idea o el reflejo de Dios— también es perfecto como reflejo. Explicó: «Dios es el Creador del hombre, y como el Principio divino del hombre sigue siendo perfecto, el reflejo divino, al ser indestructible, sigue siendo perfecto. El hombre es la expresión del ser de Dios».[18] En otro lugar, escribió: «En cierto

"

LOS ENFERMOS

NO SE SANAN

MERAMENTE

DECLARANDO

QUE NO HAY

ENFERMEDAD,

SINO SABIENDO

QUE NO LA HAY.

MARY BAKER EDDY

grado, el hombre es tan perfecto como la Mente que lo forma».[19] Al reflexionar sobre el pecado y la miseria, Eddy propuso: «Para acabar con la idea del pecado, debes detectarla, quitarle la máscara, señalar su engaño y obtener así la victoria sobre el pecado, demostrando así su irrealidad. Los enfermos no se sanan meramente declarando que no hay enfermedad, sino sabiendo que no la hay».[20] Respecto a la muerte, Eddy escribió: «Si el hombre cree en la muerte, debe dejar de creer en ella cuando vea que no hay realidad en la muerte, pues la verdad sobre la existencia no incluye la muerte». Eddy enseñó que si creemos que existen cosas como el pecado, la enfermedad y la muerte, seremos súbditos de la ilusión de tales cosas. Si admitimos que no existen esas cosas, entonces seremos liberados tanto de la ilusión como de la realidad.

III. **Negación de la deidad, la muerte y la expiación de Jesús.** Eddy negó la deidad de Jesús. Enseñó explícitamente que «Jesús no es Dios, tal como declaró Jesús mismo».[21] Eddy rechazó la eficacia de la sangre de Jesús. Escribió: «Cuando la sangre material de Jesús fue derramada en la "maldita cruz", fue igual de ineficaz para limpiar el pecado que cuando estaba corriendo por sus venas mientras se ocupaba día a día en los negocios de Su Padre».[22] Eddy enseñó que en realidad Jesús no murió. Más bien, Jesús solo aparentó morir, y al escapar de la muerte, exhibió el acto supremo de la mente sobre la materia, acto que Sus discípulos tenían que emular. Su ejemplo salva a la humanidad de la ilusión del pecado, la enfermedad y la muerte.[23] Jesús salva a la gente al ejemplificar la unidad con Dios en la verdad, la vida y el amor.[24]

¿Por qué la gente cree en esta falsa enseñanza?

En una era de racionalismo religioso y progreso médico, las enseñanzas de Eddy resultaron atractivas para los que estaban buscando renovación espiritual y poder para vencer la enfermedad. Uniendo su interpretación de la Escritura a sus enseñanzas sobre la ciencia y el mentalismo metafísico, Eddy formuló una religión que procuraba hallar el equilibrio entre el «protestantismo estricto» y el «liberalismo dubitativo».[25] Sus doctrinas presentaron una espiritualidad alcanzable para la mente natural, que evitaba el sobrenaturalismo del protestantismo y el antisobrenaturalismo del liberalismo.

¿Cómo esta falsa enseñanza se compara con el cristianismo bíblico?

I. **El Dios triuno.** La Escritura revela que solo hay un Dios vivo y verdadero: «Escucha, oh Israel, el SEÑOR es nuestro Dios, el SEÑOR uno es» (Dt 6:4). La Biblia también enseña con claridad que el Padre, el Hijo y el Espíritu Santo son tres personas distintas que subsisten en el único Dios (Mt 28:19; 1 Co 12:4-6; 2 Co 13:14; Ap 1:4-5). Estas tres personas no son tres dioses. Más bien, los tres miembros de la Divinidad coexisten eternamente como el único Dios vivo y verdadero.

II. **El pecado, la miseria y la muerte.** La Escritura enseña que el pecado, la miseria y la muerte son las consecuencias ineludibles del pecado de Adán. En conjunto, forman la triste experiencia de la vida en este mundo caído. El apóstol Pablo explicó: «Por tanto, tal como el pecado entró en el mundo por un hombre, y la muerte por el pecado, así también la muerte se extendió a todos los hombres, porque todos pecaron» (Rom 5:12). En resumen, «la paga del pecado es muerte» (Rom 6:23). Todas las miserias de esta vida son resultado de la primera transgresión de Adán, incluso la muerte y el castigo eterno. Negar la realidad del pecado es engañarnos a nosotros mismos. Como dice la Escritura: «Si decimos que no tenemos pecado, nos engañamos a nosotros mismos y la verdad no está en nosotros» (1 Jn 1:8).

III. **La deidad, muerte y expiación de Jesús.** La Biblia revela que Jesús «está sobre todas las cosas, Dios bendito por los siglos» (Rom 9:5). «Agradó al Padre que en Él habitara toda la plenitud» (Col 1:19). Él es «el resplandor de su gloria y la expresión exacta de su naturaleza» (Heb 1:3). El Hijo de Dios encarnado murió verdaderamente en la cruz (Flp 2:8; Heb 2:9, 14). Según la Escritura, la sangre de Jesús es eficaz para expiar el pecado de todo Su pueblo (Rom 5:9; Heb 9:12; Ap 1:5). La Biblia enseña que «sin derramamiento de sangre no hay perdón» (Heb 9:22).

¿Cómo puedo compartir el evangelio con los que sostienen esta falsa enseñanza?

Aunque la ciencia cristiana es una religión que está en rápido declive, su visión sobre la irrealidad de la enfermedad y la muerte tiene ciertas afinidades con los movimientos del evangelio de la prosperidad y la Palabra de Fe. Si te encuentras con un cientista cristiano, aquí hay dos cosas en las que debes enfocarte para compartir el evangelio con él:

I. **Enfócate en lo que enseña la Biblia sobre el pecado, la miseria y la muerte.** Mediante su desobediencia, Adán trajo al mundo el pecado, la miseria y la muerte (Gn 3; Rom 5:12-21). Los que niegan la caída del hombre deben ser confrontados con la realidad ineludible del pecado y la miseria en este mundo caído. Además, resalta que la Escritura enseña que el pecado es la violación de la ley de Dios (1 Jn 3:4). Apela a Romanos 6:23. Considera la opción de hacer las siguientes preguntas: Si Dios es todo en todo, como indicó Eddy, ¿de dónde viene el mal? Si el pecado y la muerte no existen, ¿por qué habríamos de creer que se puede lograr la sanidad mediante la oración para que la mente prevalezca sobre la materia?

II. **Enfócate en lo que revela la Escritura sobre la muerte de Jesús.** Las Escrituras enseñan que la victoria final sobre el pecado y la muerte viene solo a través de la muerte de Jesús en la cruz. El Hijo eterno de Dios se encarnó para morir por los que creerían en Él. Al derramar Su sangre en la cruz, Jesús expió los pecados de Su pueblo (Hch 20:28; Rom 3:25; 5:9; Heb 9:12-14; 1 Jn 1:7). Jesús murió en lugar de Su pueblo, soportando la ira de Dios a fin de librarlos del poder del pecado y de las potestades de las tinieblas (Rom 5:10; 6:10; Heb 2:9, 14-15), y Su victoria se manifestará plenamente cuando la presencia del pecado, la enfermedad y la muerte sea eliminada en los cielos nuevos y la tierra nueva (Ap 21). Considera la opción de hacer la siguiente pregunta: Si en las Escrituras Jesús afirmó haber muerto, como reconoció Eddy, ¿por qué ella niega que Él haya realmente muerto?

PHINEAS P. QUIMBY

▶ 1802-66

Phineas P. Quimby fue un mentalista y mesmerista estadounidense, considerado como el fundador del Nuevo
Pensamiento. Este movimiento enseña que el estado
mental de una persona puede manifestarse en la realidad,
una creencia que a menudo enfatiza que la enfermedad es
una ilusión y que uno puede curarse a sí mismo a través
del pensamiento positivo. Quimby afirmó haberse sanado
de tuberculosis por el poder de la mente sobre la materia.
Mary Baker Eddy, fundadora de la ciencia cristiana, fue
alumna de Quimby, aunque luego aseguró que él no
tuvo ningún papel en la formulación de su sistema. Cabe
destacar que el sistema de Eddy contiene un elemento
teísta que está ausente en la enseñanza de Quimby.

TESTIGOS
DE JEHOVÁ

¿Quiénes son los testigos de Jehová?

Durante el último siglo y medio, los testigos de Jehová se han convertido en una de las sectas más importantes del planeta. En 2019 se estimó que hay 8,7 millones de personas en el mundo que se adhieren a la doctrina y práctica de esta religión falsa.[26]

¿Cuándo comenzaron?

A finales de la década de 1870, Charles Taze Russell, un pastor del movimiento restauracionista, comenzó a publicar su doctrina herética en una revista titulada *Torre del Vigía de Sión y Heraldo de la Presencia de Cristo*. Russell creció en un hogar religioso asistiendo a iglesias presbiterianas y congregacionalistas. Sin embargo, al llegar a la adolescencia, comenzó a cuestionar varias doctrinas cristianas esenciales como las de la Trinidad y la del castigo eterno. Luego de convertirse en seguidor del movimiento adventista —un término general para identificar a los que estaban bajo la influencia del predicador estadounidense William Miller y su falsa predicción del retorno de Cristo en 1843—, Russell comenzó a insistir en que Cristo volvería de forma invisible en 1874. Cuando fracasó su predicción de que los cristianos resucitarían en 1878, Russell se distanció del movimiento adventista. Comenzó su propia editorial en 1881, a la que denominó Sociedad de Biblias y Tratados Torre del Vigía, que llegó a publicar dieciséis millones de copias de sus libros y panfletos antes de su muerte en 1916.

¿Quiénes son las figuras clave?

En 1916, J. F. Rutherford fue electo como el segundo presidente de la organización. Aunque fue un escritor mucho menos prolífico que Russell, Rutherford asumió el papel del profeta infalible de la organización (aunque esto no era oficial). Cuando Rutherford murió en 1942, N. H. Knorr pasó a ser el presidente de los testigos de Jehová. Dentro de los testigos de Jehová más famosos de nuestra época se encuentran el fallecido músico Prince y las estrellas tenísticas Serena y Venus Williams. Michael Jackson y Dwight D. Eisenhower también crecieron siendo parte de los testigos de Jehová.

¿Cuáles son las creencias principales?

Los testigos de Jehová son conocidos principalmente por negar la Trinidad, la deidad de Cristo, la personalidad del Espíritu Santo y la doctrina del castigo eterno. Su enseñanza falsa sobre estos asuntos se puede resumir bajo dos encabezados principales:

1. **Solo el Padre es Dios.** Los testigos de Jehová solo creen en la deidad del Padre porque dicen que Jehová (traducción muy frecuente del nombre pactual de Dios en hebreo) es presentado como el único Dios en la Escritura. Negando la doctrina trinitaria clásica, los

testigos de Jehová rechazan rotundamente la idea de que hay tres personas en la Divinidad. En su ataque contra la doctrina cristiana histórica, los testigos de Jehová insisten en que creer que hay tres personas en la Divinidad equivale a creer en tres dioses.

Ya que los testigos de Jehová no creen en el Dios triuno, enseñan que Jesús es un ser creado (específicamente, el arcángel Miguel). Aunque se refieren a Cristo como el «unigénito de Dios», los testigos de Jehová enfatizan que Jesús es el primer ser creado por Dios. Enseñan que Jesús aceptó ser puesto en el vientre de la virgen María con el propósito de sacrificarse por los pecados de la humanidad. Sin embargo, los testigos de Jehová no creen que la muerte de Jesús propició la ira eterna de Dios, pues no creen en la deidad de Jesús ni en el castigo eterno.

Según los testigos de Jehová, el Espíritu Santo no es una persona ni mucho menos Dios. Más bien, el Espíritu es una mera fuerza activa que emana de Dios.

II. **No hay castigo eterno.** Los testigos de Jehová insisten en que no existe el tormento eterno para los incrédulos en el más allá. Según la teología de los testigos de Jehová, el cuerpo y el alma son inseparables, así que el alma muere con el cuerpo. Los testigos de Jehová creen que la muerte física fue lo único que Adán sufrió al caer en el Edén. De acuerdo con los testigos de Jehová, no existe un alma inmortal.

Los testigos de Jehová enseñan que los 144 000 mencionados en Apocalipsis 7:4 son 144 000 testigos fieles de Jehová que irán al cielo. El resto de los testigos fieles serán resucitados y vivirán para siempre en la tierra. Los que mueran sin oír de Cristo y sin conocer la voluntad de Dios revelada en la Biblia serán levantados en la resurrección de los injustos para tener una segunda oportunidad de creer en las enseñanzas de los testigos de Jehová, obedecer a Dios y ser incluidos en la herencia final de la vida eterna en la tierra. El que no haya creído ni obedecido las enseñanzas de los testigos de Jehová no recibirá la herencia eterna y será aniquilado.

¿Por qué la gente cree en esta falsa enseñanza?

Los testigos de Jehová insisten en que la Escritura es la única fuente de revelación divina. Esto lleva a la conclusión errónea de que los testigos de Jehová simplemente están enseñando la Biblia. Sin embargo, la organización también publica y distribuye millones de copias de la revista *Atalaya* —a la que tratan como intérprete infalible de la Escritura— y otras publicaciones.

El proselitismo es la característica central de su religión. La organización equipa y envía a todos sus miembros al mundo para que ganen conversos. Los testigos de Jehová le ofrecen a la gente una religión moralista y monoteísta. Debido a que proyectan la imagen de tener familias moralmente limpias, buena salud y una conducta recta, la doctrina falsa que sostienen los testigos de Jehová puede fomentar la confianza en la justicia propia.

Además, los testigos de Jehová son una organización multiétnica, característica que con frecuencia está ausente en otros grupos religiosos.

¿Cómo esta falsa enseñanza se compara con el cristianismo bíblico?

I. **El Dios triuno es el Dios vivo y verdadero.** La Escritura enseña claramente que hay tres personas en la Divinidad (Mt 28:19; 2 Co 13:14). El Padre es Dios (Is 63:16; Lc 11:2; Jn 4:23). El Hijo es Dios (Jn 1:1; Rom 9:5; Col 1:15-16; Heb 1:3). El Espíritu Santo también es Dios (Hch 5:3-4). Las tres personas de la Divinidad no son tres dioses, sino tres personas que subsisten en el único Dios.

El Hijo es completamente divino. Jesús revela que Él mismo es Jehová (Ex 3:14; Jn 8:58). Jesús afirmó ser igual al Padre en la Divinidad (Jn 8:58; 10:30). La Biblia enseña que Jesús es Dios en todos los aspectos en que se define a Dios como Dios (Rom 9:5; Flp 2:5-6). La Escritura revela que «todas las cosas» fueron hechas por medio del Hijo (Jn 1:3; Col 1:16). Es imposible que «todas las cosas» hayan sido creadas por Él si Él mismo fue creado. La Escritura enseña que el Espíritu

Santo es una persona divina que se comunica; es el agente personal de la revelación sobrenatural. David dijo: «El Espíritu del SEÑOR habló por mí» (2 Sam 23:2). Jesús afirmó que el Espíritu inspiró personalmente la Escritura cuando citó el Salmo 110, diciendo: «David en el Espíritu le llama "Señor"» (Mt 22:43). El escritor de Hebreos apeló a la autoría divina del Espíritu respecto al Salmo 95 al escribir: «Por lo cual, como dice el Espíritu Santo: "Si oís hoy su voz"» (Heb 3:7). El apóstol Pedro reconoció la deidad del Espíritu cuando confrontó a Ananías diciendo: «¿Por qué ha llenado Satanás tu corazón para mentir al Espíritu Santo... No has mentido a los hombres sino a Dios» (Hch 5:3-4).

El Credo Niceno (la antigua declaración de fe cristiana escrita en el año 325 d. C.) declara la enseñanza bíblica de la deidad de Cristo en relación con la Trinidad, contrastándola con todas las herejías que surgieron en la Iglesia antigua en torno a esta doctrina.

II. **La muerte eterna es el destino de los impíos.** La Escritura enseña que Dios creó al hombre a Su imagen con un alma inmortal (Gn 1:26; Ec 12:5-7). El juicio de Dios contra el pecado que el hombre cometió en el huerto fue la muerte eterna. Por su desobediencia, Adán trajo la muerte espiritual, física y eterna sobre sí mismo y sobre sus descendientes nacidos por generación ordinaria (Rom 5:12-21). La Escritura usa el adjetivo «eterno» para describir la naturaleza del castigo que merece el hombre por su pecado (Jer 20:11; Mt 18:8; 25:46; 2 Tes 1:9; Jud 6-7; ver también Dn 12:2; Mr 9:44). La idea de que Dios aniquila las almas de los hombres es contraria a la enseñanza bíblica sobre la justicia eterna de Dios. Dios el Hijo se encarnó para propiciar (satisfacer) la ira eterna de Dios en lugar de Su pueblo mediante Su muerte en la cruz. Jesús vino para dar vida eterna a todos los que confían en Él para salvación (Jn 3:15-18). Todos los pecadores merecen la muerte eterna —el castigo eterno—, pero Jesús rescata de ese destino a todos los que confían solo en Él.

¿Cómo puedo compartir el evangelio con los que sostienen esta falsa enseñanza?

I.   **Enfócate en lo que enseña la Biblia sobre la deidad de Cristo.** Los testigos de Jehová tienen su propia traducción de la Escritura —la Traducción del Nuevo Mundo—, que es muy imprecisa y le quita a la Palabra de Dios sus muchas referencias a la deidad de Cristo. Sin embargo, en ella sigue habiendo varios pasajes que han sido traducidos correctamente y le atribuyen deidad al Hijo. Puedes hacer que un testigo de Jehová vaya a Isaías 9:6 en la Traducción del Nuevo Mundo y mostrarle que el nombre del Mesías prometido es «Dios poderoso». La Traducción del Nuevo Mundo también ha intentado cambiar la redacción de Hebreos 1, ya que es evidente que le atribuye deidad a Cristo. Sin embargo, en Hebreos 1:8, Dios el Padre se dirige al Hijo usando el nombre Jehová mientras cita el Salmo 102:25-26. Esa es una evidencia bíblica de que Jesús es Jehová. Por último, aunque los testigos de Jehová han intentado despojar a la Biblia de sus muchas alusiones claras al hecho de que

Jesús recibió adoración de Sus discípulos, Lucas 24:52 es un pasaje que no pueden evitar. Solo Dios debe ser adorado. Jesús recibió adoración; por lo tanto, Jesús es Dios. No obstante, aunque todas las traducciones de las Escrituras al español dicen correctamente «lo adoraron» en Lucas 24:52, la Traducción del Nuevo Mundo dice: «le rindieron homenaje».

II. **Enfócate en la enseñanza bíblica sobre el castigo justo por el pecado.** La Escritura enseña que «la paga del pecado es muerte» (Rom 6:23). Para los que están bajo la ira y la maldición de Dios, la muerte física conduce a la muerte eterna. Jesús y los apóstoles enseñaron que el castigo justo por el pecado es el «castigo eterno» (Mt 25:46; ver también 2 Tes 1:9; Jud 7). Dios es infinito y eterno; por lo tanto, un solo pecado contra el Dios infinito y eterno merece un castigo infinito y eterno. Aceptar lo que nuestro pecado merece es esencial para que veamos nuestra necesidad del sacrificio expiatorio del Dios-hombre, Jesucristo. Por el contrario, si no hubiera castigo eterno, las personas simplemente querrían vivir buscando posesiones y placer (1 Co 15:32).

——

1914

E l año de 1914 es importante para la escatología de los testigos de Jehová. Debido a sus orígenes en la tradición millerita, el establecimiento de fechas ha sido un aspecto importante de la teología de los testigos desde su inicio, y durante las primeras décadas de la historia del grupo hubo varias profecías ligadas a eventos escatológicos que surgieron y pasaron sin pena ni gloria. Al comienzo, las publicaciones de los testigos predijeron que Cristo volvería para destruir el cristianismo nominal y dar paso al Armagedón en octubre de 1914. Cuando eso no ocurrió, la predicción fue modificada para afirmar, en cambio, que había regresado de forma invisible para establecer Su reino en el cielo, lo que marcó el comienzo de un período de juicio sobre la humanidad.

—

TRADUCCIÓN DEL NUEVO MUNDO

La Traducción del Nuevo Mundo es una versión bíblica producida por los testigos de Jehová, publicada originalmente en inglés en 1950 (Nuevo Testamento) y 1961 (Biblia completa), y revisada ampliamente en 2013. Aunque no es la primera traducción de los testigos de Jehová, fue la primera que se tradujo a partir de los idiomas bíblicos originales. A su vez, se ha traducido a 184 idiomas a nivel mundial, incluidos los 29 de la revisión de 2013 (en español en 2019). Se caracteriza por sus opciones de traducción idiosincráticas, que a menudo favorecen la teología de los testigos —en particular, «la Palabra era un dios» en Juan 1:1—, y por usar el nombre *Jehová* en lugar del nombre divino *Yahvé*. *Jehová* se utiliza incluso en el Nuevo Testamento, donde no aparece el nombre divino; en su lugar, *Jehová* se usa para traducir *kyrios* (señor).

III.

RELIGIONES Y
COSMOVISIONES
FALSAS

RELIGIONES Y COSMOVISIONES FALSAS

El Israel del antiguo pacto vivía rodeado de naciones que adoraban y servían a dioses falsos. Por esa razón, Dios le advirtió incesantemente a Su pueblo acerca del peligro de sucumbir a la influencia y las prácticas de las religiones falsas a lo largo del período del Antiguo Testamento (Ex 34:15; Dt 6:14; 7:3-4, 16; 11:16, 28; 13:6-8; 20:18; Jos 24:20; 1 Sam 7:3; 1 Re 9:1-9; 2 Re 17:7-23; 2 Cr 36:1-21; Jer 16:1-13). Sin embargo, en lugar de escuchar estas advertencias, los reyes y el pueblo de Israel se entregaron una y otra vez a las religiones falsas y la adoración de las naciones vecinas. En un sentido, el Antiguo Testamento es un registro de la larga y triste historia de la idolatría de Israel. El Antiguo Testamento explica lo inútiles que son los ídolos y las religiones falsas (1 Re 18:20-40; Is 44:9; Jer 10). También revela que son productos de la influencia demoníaca (Lv 17:7; Dt 32:12; 2 Cr 11:15; Sal 106:37). La Escritura nos enseña que las religiones falsas existen porque Satanás es «mentiroso y el padre de la mentira» (Jn 8:44). De hecho, Satanás a menudo «se disfraza como ángel de luz» (2 Co 11:14) para inspirar religiones falsas que en ciertos aspectos pueden tener una apariencia de piedad, pero que en la práctica niegan su poder (2 Tim 3:1-9).

En el nuevo pacto, Jesús ordenó a Sus discípulos que llevaran el evangelio a las naciones (Mt 28:19). Cuando los apóstoles fueron a predicar el evangelio entre los gentiles, se encontraron con diversas religiones falsas en muchas de las ciudades y regiones donde ministraron (Hch 14:8-18; 17:16-34; 19:23-41). Lucas nos dice que el espíritu del após- tol Pablo se enardecía dentro de él al ver la gran cantidad de ídolos y religiones falsas en la ciudad de Atenas (17:16). En respuesta a esta evidente idolatría, Pablo les habló sobre la ignorancia espiritual que demostraban (vv. 22-23). Luego, les predicó la verdad de Dios y la resurrección de Cristo (vv. 22-34). El Nuevo Testamento revela la manera en que Dios está redimiendo a un pueblo de su idolatría y sus religiones falsas (1 Tes 1:9-10).

Las religiones falsas son tan comunes hoy como lo eran en los días del Israel del Antiguo Testamento y de la época apostólica. En la actualidad, cerca del 85% de la población mundial profesa devoción a una de las 4 200 religiones que existen en el planeta.[27] La mayoría de los que se identifican con una afiliación religiosa se adhieren a una de las doce religiones principales del mundo: el cristianismo, el judaísmo, el islam, el hinduismo, el budismo, el sijismo, el confucianismo, el taoísmo, el bahaísmo, el sintoísmo, el jainismo y el zoroastrismo. Un número cada vez mayor de los que no siguen ninguna religión profesan ser ateos, agnósticos, escépticos o secularistas. Aunque estas personas no constituyen un «grupo religioso» en el sentido técnico, los investigadores han determinado que en verdad constituyen el segundo grupo religioso más grande de Norteamérica y buena parte de Europa.[28] En los últimos años, muchas de estas personas sin afiliación religiosa han sido catalogadas como «nones» [«sin religión»], ya que no profesan devoción a ninguna religión en particular.

Cuando se comparan con el cristianismo, las religiones y cosmovisiones falsas a menudo parecen tener una ética y prácticas similares al mismo. En su carta a los colosenses, el apóstol Pablo habló sobre la naturaleza engañosa de las enseñanzas falsas. Les advirtió a los creyentes acerca de las religiones falsas que tienen «apariencia de sabiduría en una religión humana, en la humillación de sí mismo y en el trato severo del cuerpo» (Col 2:23). Sin embargo, todas las religiones falsas son anticristianas en su esencia. El apóstol Juan explicó: «¿Quién es el mentiroso, sino el que niega que Jesús es el Cristo? Este es el anticristo, el que niega al Padre y al Hijo. Todo aquel que niega al Hijo tampoco tiene al Padre» (1 Jn 2:22-23).

Si queremos ser más eficaces en nuestra defensa de la fe cristiana contra los ataques de las religiones falsas y las cosmovisiones anticristianas, los cristianos debemos saber un poco sobre los orígenes y las creencias fundamentales de las principales religiones falsas. Además, debemos poder discernir las diferencias entre las creencias de las religiones falsas y las doctrinas cristianas esenciales que han sido reveladas por el Dios triuno en la Escritura. En esta sección, consideraremos la historia y los principios esenciales de tres de las principales religiones falsas del mundo (el budismo, el hinduismo y el islam) y de dos cosmovisiones anticristianas predominantes (la espiritualidad de la nueva era y el ateísmo y secularismo). Posteriormente, compararemos sus creencias fundamentales con las enseñanzas de la Escritura. Por último, ofreceremos algunas sugerencias para compartir el evangelio con los que han adoptado estas religiones falsas y cosmovisiones anticristianas. Nuestro deseo sincero es que esta sección te guíe en tus esfuerzos por vivir como un testigo fiel de la gracia de Dios en Cristo revelada en el evangelio.

BUDISMO

¿Qué es el budismo?

El budismo, la cuarta religión más grande del mundo, es una religión antigua que tiene sus orígenes en el subcontinente indio. Hay varias ramas y subramas del budismo (entre ellas, las escuelas theravada, mahasamghika, vajrayana, nichiren, shingon y zen), pero todas son *monistas* y no monoteístas. Es decir, la base del budismo es la creencia en la unidad absoluta de todas las cosas y el balance de los opuestos en la única realidad. Según el budismo, toda realidad es, en última instancia, una sola, y no existe absolutamente ninguna distinción entre el Creador y la criatura (ver más abajo). En la actualidad, se estima que quinientos millones de personas practican el budismo.

¿Cuándo comenzó?

Existe bastante desacuerdo en cuanto a los detalles de los orígenes del budismo. Sin embargo, los eruditos concuerdan en que fue fundado en el siglo IV o V a. C. por Siddhartha Gautama, quien llegó a ser conocido como Buda. Gautama, un joven príncipe del norte de la India, notó el contraste entre el materialismo de su crianza y el sufrimiento, la enfermedad y la muerte que veía a su alrededor. Por eso, comenzó a cuestionarse el sentido del sufrimiento. Con la esperanza de entender estas cosas, Gautama abandonó a su esposa, a su hijo y su hogar para buscar mentores que le enseñaran los principios de la vida ascética y la meditación. Gautama alcanzó la iluminación luego de meditar cuarenta días y cuarenta noches debajo de una higuera (que ahora se conoce como el árbol de Bodhi o «árbol del despertar»). Según afirmó, vio el planeta Venus en el horizonte y se dio cuenta de que se estaba viendo a él mismo (ya que todo es uno). Pasó los siguientes cuarenta y cinco años viajando por el norte de la India, enseñando los principios que obtuvo mediante su experiencia de iluminación. Luego de la muerte de Gautama, un poderoso emperador indio llamado el rey

Ashoka (274-232 a. C.) se convirtió al budismo y aseguró su establecimiento en toda la antigua Asia.

¿Quiénes son las figuras clave?

Durante milenios, innumerables maestros, académicos y monjes budistas célebres han promovido diversas formas de enseñanza budista. El budista más conocido en la actualidad es el decimocuarto dalái lama, Tenzin Gyatso, cuyo título se utiliza para el líder espiritual de una rama particular del budismo tibetano.

Hay varios empresarios, atletas, músicos, autores, activistas, cineastas, actores y actrices que han practicado el budismo, entre ellos Richard Gere, Steve Jobs, Tiger Woods, Leonard Cohen, David Bowie, Jack Kerouac, Rosa Parks, George Lucas, Oliver Stone, Goldie Hawn, Jeff Bridges, Brad Pitt, Jennifer Aniston y Kate Hudson.

¿Cuáles son las creencias principales?

I. **Todo es uno.** La creencia en la unidad absoluta es esencial para el budismo. La unidad es fundacional;

la diversidad es derivativa. Uno no aprende de Buda; uno se transforma en Buda. El balance de los opuestos es el fin más alto de la vida. La compasión y la crueldad, el bien y el mal, la vida y la muerte, y Dios y el diablo deben ser balanceados. No hay virtud en la victoria de un opuesto sobre el otro. Insistir en el triunfo de uno sobre el otro es destruir la unidad. No existe la individualidad; solo hay progreso y potencial en una realidad.

II. **Cuatro nobles verdades**

   i. **La verdad del sufrimiento.** La primera ley es que todas las personas sufren. Este concepto es denominado *dukkha* en el idioma litúrgico pali, lo que puede traducirse como «sufrimiento», «angustia», «dolor» o «insatisfacción». Según la tradición, Buda dijo: «He enseñado una cosa y solo una cosa: el *dukkha* y el cese del *dukkha*».

   ii. **La causa del sufrimiento.** La causa de todo sufrimiento es el deseo. La palabra pali *tanha* conlleva la idea de «asir», «sed», «anhelo», «antojo», «deseo» o «apego», y está ligada a la noción de desear cosas que no nos pueden satisfacer por completo. No es un mero deseo, sino un apetito enfermizo por cosas no permanentes y una sed insaciable de autogratificación. Tratar de adueñarnos de cosas que no tenemos nos lleva al sufrimiento, en especial cuando no recibimos lo que deseamos. Nuestras mentes se llenan de dolor cuando las circunstancias no cumplen nuestras expectativas.

iii. **El fin del sufrimiento.** El sufrimiento (*dukkha*) solo terminará cuando experimentemos el cese del tanha. Cuando una persona deja de desear, se vuelve uno con el todo. La liberación del sufrimiento no se logra por el mero hecho de desear ser liberado de él, sino al aceptar la realidad de que «el sufrimiento es».

iv. **La liberación del sufrimiento.** La liberación definitiva del sufrimiento se alcanza siguiendo el camino óctuple de Buda. El camino óctuple es una serie de principios morales, mentales y sapienciales que debemos aprender a poner en práctica. Incluyen la aplicación de la visión correcta, el pensamiento correcto, el hablar correcto, el actuar correcto, el medio de vida correcto, el esfuerzo correcto, la atención consciente correcta y la concentración correcta.

III. **El ciclo de vida.** Al igual que los maestros hindúes que lo precedieron, Buda promovió la idea del karma: «A todo evento que ocurre le seguirá otro evento cuya existencia fue causada por el primero, y este segundo evento será agradable o desagradable dependiendo de si su causa fue hábil o inhábil». Si todas las cosas son causas y efectos con relación a nuestras acciones y todo es uno en el universo, entonces el resultado de nuestras acciones será nuestra reencarnación o renacimiento (*samsara* en pali) en la única realidad bajo una forma u otra. La libertad de este ciclo de renacimientos se denomina *nirvana*, y se logra al alcanzar la iluminación.

¿Por qué la gente cree en esta falsa enseñanza?

En un mundo de división y conflictos, la idea de ser uno con el todo es poderosa. El concepto de la unidad absoluta ofrece beneficios terapéuticos que prometen sanar las mentes y los espíritus cargados por el sufrimiento. El budismo plantea una manera de vencer la esclavitud al materialismo y la discordia. La introducción de muchas ideas propias de las religiones orientales en varios programas de salud y bienestar, como también en la cultura popular, ha fomentado la propagación del budismo en el mundo occidental.

¿Cómo esta falsa enseñanza se compara con el cristianismo bíblico?

I. **La distinción entre el Creador y la criatura.** El problema filosófico de la unidad y la diversidad encuentra su solución en la distinción bíblica entre el Creador y la criatura. La Escritura no contempla toda diversidad como algo indeseable. Distinguir entre el Creador y la criatura es esencial para entender el mundo de una manera correcta. Dios no es Su creación, y nosotros no somos Él. Dios es absoluto, eterno y personal. En nuestra condición caída, oscurecemos y suprimimos la distinción entre Dios y el hombre (Rom 1:22-23, 25, 28). El Dios triuno —quien en Sí mismo es diversidad y unidad eterna, pues son tres personas con una sola esencia— ha creado un mundo temporal de diversidad y unidad. Dios hizo a la humanidad diferente del resto de la creación. Él creó las plantas, los árboles, los peces, las aves y los animales «según su género» (Gn 1:11-12, 21, 24-25). Dios ha entrelazado la diversidad en el tejido de la unidad de Su creación. Aunque todas las personas tienen en común el haber sido creadas a imagen de Dios, haber descendido de Adán y Eva, haber caído en Adán y estar bajo la ira y maldición de Dios fuera de Cristo, Dios ha hecho que cada uno de nosotros sea distinto de los demás a nivel individual (Sal 139:13-14).

II. **El sufrimiento y el deseo.** El deseo por lo que no es permanente no es malo en sí mismo. Fuimos creados tanto para desear lo que es permanente (Dios y lo bueno ante Sus ojos) como lo que no es permanente en este lado de la gloria (una buena salud, el éxito material, etc.). El problema no es el acto de desear, sino muchas de nuestras intenciones y muchas de las cosas que deseamos desde la caída (Jer 2:13; Stg 1:14-15). En contraste con el budismo, la Biblia revela que el deseo malvado debe ser mortificado y reemplazado por un deseo por algo mejor: Cristo. Jesús vino a satisfacer para siempre al alma sedienta con el agua viva que Él otorga gratuitamente por Su gracia (Jn 4:10-11; 7:38; Ap 7:17). Jesús pasó sed en la cruz, bajo la ira de Dios, para expiar nuestros deseos malvados, para que no tengamos sed nunca más (Jn 19:28). Al estar unidos a Cristo, somos capacitados para mortificar los deseos malvados y desear lo que es bueno, recto y verdadero (Rom 6:12-14; Col 3:5).

III. **El castigo eterno y la vida eterna.** La Escritura enseña el principio de la siembra y la siega (Gal 6:7-8), no la idea del karma y la reencarnación. En lugar de una concepción cíclica de la realidad, la Escritura revela que Cristo regresará para consumar todas las cosas y concluir la historia humana. Todos seremos juzgados según lo que hemos hecho en el cuerpo (2 Co 5:10). Los incrédulos sufrirán el castigo eterno. Los que creen en Cristo heredarán la vida eterna (Jn 3:18). Dios no pasa por alto las malas obras de los creyentes. Jesús, como nuestro sustituto, tomó sobre Sí mismo la ira que

nosotros merecemos cuando llevó nuestros pecados en
Su cuerpo (1 Pe 2:24).

¿Cómo puedo compartir el evangelio con los que sostienen estas falsas enseñanzas?

I. **Enfócate en el Redentor que conquista todos los males.** La meditación y la iluminación nunca podrán vencer el mal en este mundo caído. El budismo se niega a reconocer que el mal es una realidad que debe ser conquistada. Debes enfatizar lo que enseña la Escritura sobre el Hijo de Dios: que vino al mundo para vencer a Satanás, al pecado y a la muerte (Gn 3:15; Mt 1:21; 1 Co 15:26; 1 Jn 3:8). Explica que el Hijo de Dios vino al mundo para encargarse del problema de nuestro pecado personal en la cruz (Mt 1:21; 2 Co 5:21; 1 Jn 1:9). Ayuda a los budistas a plantearse las preguntas más importantes sobre Dios, la culpa por su propio pecado y el juicio venidero. Destaca la enseñanza bíblica sobre el perdón de los pecados y la muerte de Jesús (Hch 2:38; 5:31; Ef 1:7; Col 1:14; Heb 9:22).

II. **Enfócate en la enseñanza bíblica sobre la renovación de todas las cosas.** La reencarnación es una falsificación del plan de salvación bíblico. Cuando le prediques a un budista, explícale que Jesús no solo redime a individuos. Murió y resucitó para garantizar «nuevos cielos y nueva tierra, en los cuales mora la justicia» (2 Pe 3:13). El plan divino de redención cósmica es la solución al problema del sufrimiento en esta vida. Toda la creación, la cual Dios sometió a vanidad debido a nuestro pecado, será restaurada por Cristo en el día final (Hch 3:20-21; Rom 8:18-22; Heb 1:10-12; 2:5-9).

—

DUKKHA

El *dukkha* es un concepto central para la enseñanza budista. Su traducción aproximada sería «sufrimiento» o «dolor», y se refiere a todo lo que es incómodo, desagradable o insatisfactorio respecto a la condición humana. Entender la naturaleza del *dukkha* y aprender a aliviarlo es de suma importancia para el budismo. Las cuatro nobles verdades enseñan que el sufrimiento es causado por el deseo y se puede aliviar mediante el cese del deseo. El cese del deseo, si se logra alcanzar, puede llevar a un estado denominado *nirvana*, que se caracteriza por la libertad del ciclo de reencarnaciones y a menudo es comprendido como la extinción de la propia existencia personal.

DALÁI LAMA

El dalái lama es el líder espiritual de la rama Gelug del budismo tibetano. Dalái lama es un título que significa algo así como «gran gurú» u «océano de sabiduría». Se considera que el dalái lama es la reencarnación del ocupante anterior del cargo. Cuando el dalái lama muere, comienza la búsqueda de su sucesor. El actual ocupante del título es Tenzin Gyatso (1935-), decimocuarto dalái lama. En 1951 la República Popular China ocupó el Tíbet, y en 1959 un levantamiento forzó al dalái lama a huir a la India, donde estableció el gobierno tibetano en el exilio. Es reconocido a nivel internacional como maestro, defensor de la paz y promotor de la armonía religiosa.

HINDUISMO

¿Qué es el hinduismo?

La religión conocida como hinduismo en realidad es un conjunto de varias tradiciones religiosas asociadas entre sí que se originaron en la antigua India. El hinduismo es la tercera religión más grande del mundo, y en la actualidad cuenta con más de novecientos millones de adherentes. Al igual que el budismo, el hinduismo es una religión monista, lo que significa que entiende toda la realidad, en última instancia, como una unidad. Los hindúes buscan la unidad con el *espíritu último* o *realidad suprema* (*Brahman*). A diferencia del budismo, el hinduismo moderno tiende al henoteísmo. El henoteísmo es la adoración de un dios supremo junto a las manifestaciones (es decir, los avatares) de ese dios, que constituyen una pluralidad de dioses y diosas.[29] En el hinduismo, la religión y la sociedad están conectadas inseparablemente en un sistema de castas (una jerarquía social fija). El hinduismo tiene cuatro ramas principales: el visnuismo, el shivaísmo, el shaktismo y el smartismo. Sin embargo, el hinduismo es una religión increíblemente amplia y diversa, con una gran variedad de creencias y prácticas dentro de cada una de sus ramas principales.

¿Cuándo comenzó?

La palabra *hindú* se refiere al territorio y a los habitantes que rodean el río Indo. Las referencias a esta región en las escrituras hindúes han llevado a los académicos a concluir que el hinduismo se originó en el norte de la India. La ausencia de una sola figura fundadora distingue al hinduismo de prácticamente todas las otras religiones del mundo. Si bien el hinduismo cuenta con una colección de escritos sagrados, estos no se consideran revelación divina en el mismo sentido en que los cristianos ven la Biblia como revelación divina o en que los musulmanes afirman que el Corán es revelación divina. El hinduismo surgió entre el 2000 y el 1500 a. C., por lo que es una de las religiones más antiguas del mundo. En un comienzo, las creencias y prácticas hindúes se difundían y pasaban de generación a generación por tradición oral. La colección más antigua de literatura sagrada hindú es conocida como los *Vedas* (nombre proveniente de una palabra sánscrita que significa «conocimiento» o «sabiduría»); estos escritos están redactados como himnos ancestrales. Los *Vedas* comprenden cuatro libros: *Rig-Veda*, *Sama-Veda*, *Yajur-Veda* y *Atharva-Veda*. El *Rig-Veda* es el más antiguo de todos. Las secciones finales de los *Vedas*, conocidas como *Upanishads*, cubren cuestiones filosóficas y son los textos fundacionales de la mayor parte de los estudios espirituales hindúes. El texto hindú más famoso es el *Bhagavad-gītā*, que forma parte de la antigua épica hindú *Mahabharata*. El *Bhagavad-gītā* contiene la esencia de la enseñanza devocional del hinduismo.

¿Quiénes son las figuras clave?

El filósofo del siglo VIII Adi Shankara unificó el hinduismo mediante un cuidadoso estudio de los *Vedas* y los *Upanishads*. Fue el autor del dicho hindú «*Atman es Brahman*», que captura la idea de que toda alma individual (*atman*) finalmente es una unidad con el espíritu último (*Brahman*).

El monje del siglo XIX Swami Vivekananda representó al hinduismo en el Parlamento Mundial de las Religiones celebrado en Chicago en 1893. Logró una importante reforma del sistema de castas.

Mohandas Gandhi es quizás el hindú más conocido en la actualidad. Es conocido por sus enseñanzas sobre la desobediencia civil no violenta para lograr la reforma social y política en la India a principios y mediados del siglo XX.

Entre las figuras populares, George Harrison, de los Beatles, se convirtió al hinduismo, al igual que la actriz Julia Roberts y el actor Russell Brand.

¿Cuáles son las creencias principales?

I.   **Uno y muchos dioses.** Los hindúes creen en un dios impersonal o realidad suprema —Brahman—, pero al mismo tiempo afirman la existencia de una pluralidad de dioses y diosas. Hay tres manifestaciones principales de Brahman —Brahma, Visnú y Shiva—, y todos los otros dioses y diosas son manifestaciones encarnadas de ellos. Brahma, el dios creador, es prácticamente ignorado en el hinduismo moderno, mientras que Visnú, el dios preservador, y Shiva, el dios destructor, cuentan con muchos adoradores. También hay muchos hindúes que no adoran principalmente a Visnú ni a Shiva, sino a Sakti, representante femenina de Brahman que se manifiesta como diferentes diosas. Para efectos prácticos, la devoción popular hindú identifica a Visnú, a Shiva o a Sakti como Brahman dependiendo de la tradición que siga la gente. Todos los hindúes creen que Brahman se manifiesta en muchos avatares (encarnaciones terrenales de dioses y diosas). A menudo, se ha dicho que hay 330 millones de dioses y diosas (avatares) en el hinduismo. Dicho número no debe interpretarse de forma literal, sino como «una exageración que pretende enfatizar la multiplicidad de los dioses».[30]

II. **Dharma.** El concepto del *dharma* es central para el hinduismo. Aunque es difícil de traducir, la palabra *dharma* representa el deber, la conducta, la ley, el orden, la religión, la virtud, la justicia y la moralidad del hindú.

Tiene un papel importante en el sistema de castas de la India. Cada casta tiene sus propias reglas a las que sus miembros deben ceñirse. El *dharma* está relacionado con el *karma* y el ciclo de renacimientos o reencarnaciones, ya que es necesario observar fielmente los deberes específicos para pasar a una casta superior en la vida siguiente. Una persona no puede salirse de la casta o «clase social» en la que ha nacido mientras viva.

III. **Karma.** La doctrina del *karma* es el eje central del sistema religioso y social del hinduismo.[31] El *karma* afirma que todo lo que alguien tiene —ya sea su apariencia física, condición financiera, personalidad, salud o sufrimiento— es resultado de su vida pasada. Uno pasa por el ciclo de la reencarnación basado en su *dharma* en una vida anterior. Si alguien se entrega al vicio y la degeneración moral, no será destruido ni dejará de existir. Más bien, continuará en el ciclo de la reencarnación por tanto tiempo como sea necesario hasta que su alma alcance el nirvana y se unifique con la realidad suprema. Si alguien vive una vida de mal

dharma, renacerá en una casta inferior o como una
forma de vida inferior en el siguiente ciclo.

¿Por qué la gente cree en esta falsa enseñanza?

La propagación del hinduismo se debe, en buena medida, a
su antigüedad y alcance. Su ideología comprende la totalidad de la vida familiar, social y religiosa del individuo, por
lo que abandonarlo es difícil y costoso. Los brahmanes
(sacerdotes y maestros de la casta más alta) ejercen poder
sobre las vidas de los miembros de las castas inferiores y los
mantienen confinados a su sistema. En el mundo occidental, elementos del hinduismo se han extendido gracias a la
popularidad del yoga en los gimnasios y los programas de
ejercicio. Además, la cultura popular occidental ha estado
fascinada desde hace tiempo con las religiones orientales
como el hinduismo. Por ejemplo, los Beatles popularizaron
las ideas hindúes gracias a sus viajes a la India y su defensa de
la meditación trascendental (influenciada por el hinduismo)
en la década de los 60.

¿Cómo esta falsa enseñanza se compara con el cristianismo bíblico?

I. **Solo hay un Dios.** Contrario al hinduismo, la Biblia revela que hay un solo Dios vivo y verdadero. Este Dios verdadero es un ser personal. Él no cambia (Mal 3:6). El único Dios subsiste en tres personas (el Padre, el Hijo y el Espíritu Santo); cada una de las cuales es plenamente divina y, sin embargo, distintas entre sí según la propiedad personal única de cada una. El Hijo no es un avatar del Padre, y el Padre no se transformó en el Hijo encarnado. Más bien, la persona del Hijo de Dios unió una naturaleza humana sin pecado a Su eterna naturaleza divina y, de este modo, se transformó en el Dios-hombre. El Padre, el Hijo y el Espíritu Santo existen eternamente como el único Dios verdadero. Cuando el Nuevo Testamento habla de los miembros de la Divinidad, los coloca uno al lado del otro, distinguiéndolos según Sus propiedades personales, pero manteniendo que son idénticos en cuanto a Su única esencia divina (1 Co 8:6; 12:4-6; 2 Co

13:14; 2 Tes 2:13-14; 1 Pe 1:2; 1 Jn 5:4-6; Ap 1:4-6).

II. **La ley y la gracia.** La Biblia contiene prescripciones de deberes, leyes, rituales y principios de virtud, justicia y moralidad. Mediante Su ley, Dios revela Su voluntad respecto a la conducta de Su pueblo. Sin embargo, nadie se salva por intentar guardar la ley. Todas las personas, con la excepción de Cristo, son caídas e incapaces de agradar a Dios por naturaleza (Rom 3:10-20; 5:12-21), y están bajo la ira y la maldición de Dios (Gal 3:13). En Adán, estamos muertos en pecado y depravación, y necesitamos una salvación que venga desde fuera de nosotros. Dios inicia, obtiene y provee salvación exclusivamente por Su gracia. En la enseñanza hindú no existe la gracia. La gente es galardonada o castigada únicamente sobre la base de su buen o mal *dharma*. Según la Escritura, Dios redime a un pueblo para Sí mismo sobre la base del mérito de Jesucristo, el Hijo eterno de Dios, quien, como representante nuestro, guardó la ley a la perfección y sufrió el castigo que nosotros merecemos. En Cristo, Dios perdona, acepta y reconcilia a los creyentes consigo mismo (1 Co 1:30).

III. **La muerte, el juicio y la salvación.** La muerte vino por el pecado de Adán. Dios juzgará a los hombres por lo que han hecho en esta vida. Fuera de la gracia, estamos bajo la ira eterna de Dios por el pecado (Rom 1:18; Ef 5:6; Col 3:5-6; Ap 19:15). Solo los que confían en Cristo obtendrán vida eterna (Jn 3:16-18). Como explica el autor de Hebreos: «Y así como está decretado que los hombres mueran una sola vez, y después de esto, el juicio, así también Cristo, habiendo sido ofrecido una vez para llevar los pecados de muchos, aparecerá por segunda vez, sin relación con el pecado, para salvación de los que ansiosamente le esperan» (9:27-28).

¿Cómo puedo compartir el evangelio con los que sostienen esta falsa enseñanza?

I. **Enfócate en el pecado y el juicio.** Cuando testifiques a los hindúes, explícales que el pecado no es, ante todo, una violación de las normas sociales o una ofensa a su propia casta. El pecado es principalmente una ofensa contra Dios (Gn 39:9; Sal 51:4). Dado que los hindúes

"

POR CUANTO
TODOS PECARON
Y NO ALCANZAN
LA GLORIA DE DIOS,
SIENDO JUSTIFICADOS
GRATUITAMENTE
POR SU GRACIA
POR MEDIO DE LA
REDENCIÓN QUE ES
EN CRISTO JESÚS.

ROMANOS 3:23-24

suelen pensar en el castigo por el pecado en términos de degradación social y no como justicia incurrida por una ofensa personal contra el Creador, es vital ayudarles a pensar adecuadamente en las ramificaciones eternas de pecar contra el Dios eterno. La Escritura está llena de referencias a la muerte eterna y al juicio contra el pecado (Gn 2:17; Sal 5:5; 11:5; 50:21; 94:10; Rom 1:18; 2:3; 6:21, 23; Gal 3:10; Ef 2:3).

II. **Enfócate en el perdón de los pecados en Cristo.** Los hindúes —en especial los de castas inferiores— se pasan la vida tratando de salir del sistema de castas a través de sus obras. Muchos llevan el peso de sus fracasos sobre sus hombros. Los hindúes necesitan oír del perdón que Dios otorga gratuitamente en Cristo. Jesús dijo: «Venid a Mí, todos los que estáis cansados y cargados, y Yo os haré descansar» (Mt 11:28). Explícales que Dios asumió el castigo por nuestro pecado en la persona de Jesucristo (2 Co 5:21). Compárteles que Dios promete perdonar a todos los que confían solo en Jesús para ser salvos (Ex 34:6-7; Sal 130:4; Jer 31:34; Dn 9:9; Hch 5:31; 13:38; 26:18; Rom 4:7; Ef 1:7; Col 1:14).

III. **Enfócate en Jesús como Mediador.** La mayor necesidad del hombre es reconciliarse con Dios. La Biblia enseña que la reconciliación solo ocurre a través de la obra mediadora de Jesucristo (2 Co 5:19). Como Dios y hombre, Jesús cierra la brecha entre el Dios infinitamente santo y los pecadores. Jesús murió en la cruz para llevarnos a Dios (1 Pe 3:18). Jesús es el gran Sumo Sacerdote de los creyentes. «Vive perpetuamente para interceder por ellos» (Heb 7:25). Jesús es el único Mediador. Él dijo: «Yo soy el camino, y la verdad, y la vida; nadie viene al Padre sino por mí» (Jn 14:6). Pablo también explicó: «Porque hay un solo Dios, y también un solo mediador entre Dios y los hombres, Cristo Jesús hombre» (1 Tim 2:5).

—

BRAHMAN

El *Brahman* es el principio o realidad última en la teología hindú. Es concebido de varias maneras en las diferentes escuelas del hinduismo. Aunque Brahman se considera la fuente de todo lo que es, no se ve como un dios creador personal, sino como el material o principio impersonal que subyace a toda la realidad. Todo lo que vemos y experimentamos es una manifestación temporal y mutable de la realidad eterna e inmutable que constituye el Brahman. La relación del alma (*atman*) con Brahman es un concepto clave en el hinduismo. En las escuelas teístas, el atman está separado de Brahman y cada alma está separada de las demás. Sin embargo, la mayoría de las escuelas son monistas y ven el atman y Brahman como uno o lo mismo. El objetivo, entonces, es comprender esta verdad y convertirse en uno con Brahman al morir. La unicidad de Brahman también informa la ética hindú. Puesto que todo es uno, cada persona está relacionada o forma parte de todas las demás; por tanto, los seres humanos deben ser compasivos con los demás y esforzarse por el bienestar y la felicidad de los demás.

—

DHARMA

El *dharma* es un concepto central para la ética hindú. No existe una palabra castellana que capture por completo el concepto del *dharma*, pero, de forma aproximada, puede entenderse como la manera correcta de vivir. Tiene que ver con la forma en que uno actúa en sí mismo y también con la forma en que actúa con los demás, y se ilustra a menudo en las escrituras hindúes en historias e ilustraciones. Por ejemplo, la epopeya *Mahabharata* presenta los problemas como si tuvieran tres posibles soluciones encarnadas por tres personajes diferentes. Las elecciones que hace el ser humano tenderán hacia el *dharma* o su opuesto, el *adharma*, y estas elecciones redundan en la siguiente vida que uno vive en el ciclo de la reencarnación. Por lo tanto, la culpa de la posición que uno ocupa en la vida siempre recae sobre uno mismo, una enseñanza que está detrás del mal trato que se da a los de las castas inferiores en la India.

ISLAM

¿Qué es el islam?

El islam es la segunda religión más grande del mundo. Hoy en día, se estima que 1 300 millones de personas profesan ser musulmanes; es decir, seguidores de la fe islámica. Cerca de mil millones de ellas viven en Medio Oriente, África del Norte y el Sudeste Asiático. El islam es una religión monoteísta que exige sumisión a su único dios, Alá, y a todo lo que Alá ha revelado a través del profeta Mahoma. Los dos textos normativos principales en el islam son el Corán y los hadices. Según se afirma, el Corán es la revelación que Alá le dio a Mahoma. Los hadices son las tradiciones orales de las enseñanzas y prácticas de Mahoma que se han transmitido de generación a generación en la comunidad musulmana, y fueron escritos unos pocos siglos después. Los cinco pilares del islam estructuran la esencia de las creencias y prácticas musulmanas. El islam tiene dos ramas principales: el sunismo y el chiismo; y también existe una gran tradición mística: el sufismo. La Nación del Islam, un movimiento político-religioso afroamericano, ha concientizado a muchos estadounidenses con respecto al islam. Sin embargo, dicho movimiento es una religión etnocéntrica occidental que los musulmanes ortodoxos no reconocen como una tradición islámica auténtica.

¿Cuándo comenzó?

Mahoma fue el fundador del islam. Nació en el 570 d. C. en La Meca (una ciudad en el oeste de la península arábiga).[32] Su padre murió antes de que él naciera y su madre falleció cuando él tenía seis años. Mahoma se fue a vivir con su abuelo Abd al-Muttalib. Cuando tenía ocho años, su abuelo murió, por lo que tuvo que ir a vivir con su tío Abu Talib, quien se desempeñaba como mercader itinerante. Abu Talib llevó a Mahoma en muchos de sus viajes.

A los veinticinco años, Mahoma se casó con Jadiya, una adinerada mercader itinerante. Jadiya había sido criada por cristianos ebionitas. Los ebionitas eran una secta cristiana judía que negaba la deidad de Cristo. Los eruditos piensan que Mahoma aprendió sus versiones distorsionadas de los relatos bíblicos durante sus viajes con Abu Talib y Jadiya.

Mahoma dijo que el ángel Gabriel lo visitó en La Meca en el 610, dando inicio a un período de veintitrés años en el que Mahoma afirmó recibir la revelación del Corán. La tradición dice que ochenta y seis *suras* (capítulos) del Corán le fueron reveladas a Mahoma mientras vivía en La Meca, y las otras veintiocho le fueron reveladas en la ciudad de Medina.

Las primeras dos personas que aceptaron el mensaje de Mahoma fueron su esposa Jadiya y su primo Ali ibn Abi Talib. El primer converso ajeno a la familia de Mahoma fue Abu Bakr, un mercader itinerante. Durante su estadía en La Meca, Mahoma comenzó a llamar a los ciudadanos politeístas a arrepentirse y someterse a Alá, el único dios verdadero. Luego de años de rechazo, persecución y batallas, Mahoma viajó a Medina (que en aquel entonces se conocía como Yathrib) en el 622. Este evento, denominado la *Hiyra*, marca el comienzo del calendario musulmán. El mensaje del islam tuvo una mejor aceptación en Medina: la comunidad musulmana creció allí y Mahoma se transformó en el líder de la ciudad. Con el paso del tiempo, Mahoma logró reunir a un ejército suficientemente poderoso para capturar La Meca, ciudad donde erradicó el politeísmo. En la actualidad, La Meca es una de las ciudades más sagradas en el islam.

A la muerte de Mahoma en el 632, Abu Bakr se convirtió en el primer califa (el líder religioso y político del estado musulmán), aunque muchos musulmanes creían que el califa debía ser un pariente de Mahoma, más en específico, su primo Ali. Abu Bakr continuó fomentando la religión islámica hasta su muerte. Los califas Umar Ibn al-Khattab, Uthman ibn Affan, y Ali, primo de Mahoma, sucedieron a Abu Bakr en ese mismo orden. Tras la muerte de Alí, los desacuerdos dentro de la comunidad musulmana sobre quién podía ser califa siguieron creciendo, y los chiitas acabaron rompiendo con la mayoría de los musulmanes —los sunitas— por la creencia chiita de que el califa debía ser de la familia de Mahoma.

¿Quiénes son las figuras clave?

A lo largo de su extensa historia, el islam ha producido múltiples gobernantes, académicos, filósofos, autores, atletas, empresarios, científicos y maestros de gran influencia. Los matemáticos y filósofos musulmanes han tenido un papel importante en el desarrollo de disciplinas como el álgebra y en el redescubrimiento del pensamiento aristotélico en Occidente durante la Baja Edad Media. Los imperios islámicos conquistaron gran parte del Oriente cristiano.

En la actualidad, los políticos musulmanes más conocidos son el rey Abdalá II de Jordania; el rey Salmán de Arabia Saudita; Alí Jamenei, líder supremo de Irán, y Mohammed VI, rey de Marruecos.

Antes de convertirse al sunismo, Malcolm X ayudó a dar a conocer a la Nación del Islam en la cultura estadounidense. Louis Farrakhan es el líder actual de la Nación del Islam, una secta etnocéntrica considerada herética por los musulmanes ortodoxos.

Muhammad Ali, Mike Tyson y Kareem Abdul-Jabbar son algunos de los atletas musulmanes más famosos de las últimas décadas.

¿Cuáles son las creencias principales?

I. **Revelación e inspiración.** Aunque todos los musulmanes profesan creer en el Corán, hay una inmensa variedad de creencias y prácticas en las diversas ramas del islam. Los musulmanes sunitas, que conforman la gran mayoría de la comunidad musulmana a nivel mundial, dependen en gran medida de los expertos en la ley para resolver las controversias en torno a las enseñanzas del Corán. Estos juristas, al desarrollar la ley islámica o *sharía*, buscan reconciliar las diferencias entre las enseñanzas del Corán y los hadices a través de consensos y analogías. Los musulmanes chiitas, que constituyen el segundo grupo más numeroso de musulmanes a nivel mundial, creen que el verdadero sucesor de Mahoma como líder de todos los musulmanes viene de la familia de Ali (los sunitas creen que el sucesor de Mahoma puede venir de la comunidad islámica más amplia). Además, los chiitas tienen sus propias colecciones de hadices, que solo consisten en tradiciones que se remontan a Ali. Las disputas dentro de la comunidad chiita son resueltas por imanes asignados para tal labor, cuyas decisiones se consideran vinculantes. Los sufíes creen en una interpretación espiritual, no literal, del Corán y participan en prácticas místicas. Una de las prácticas más famosas es la danza de los giros, asociada especialmente a la orden de los sufíes Mevlevi (los giros derviches).

Aunque profesa ser la revelación autorizada del único Dios verdadero, el Corán incluye varios relatos histórica y teológicamente inexactos de figuras bíblicas. Por ejemplo, el Corán enseña que Abraham ofreció a Ismael y no a Isaac. El Corán también enseña que Isa ibn Maryam (Jesús, hijo de María) fue un simple profeta milagroso de Alá. Además, el Corán niega la deidad y la muerte expiatoria de Jesús. Afirma: «No lo asesinaron, ni lo mataron por crucifixión, sino que apareció ante ellos como crucificado... pero ciertamente ellos no lo mataron. Por el contrario, Alá lo exaltó hacia Él» (Sura 4:158-159).[33]

II. **Devoción.** Los cinco pilares del islam encapsulan las creencias y prácticas esenciales del islam. Estos son:

i. **La profesión de fe.** El primer pilar del islam es la *shahada* o profesión de fe. En primer lugar, requiere confesar que «no hay otro dios fuera de Alá». En segundo lugar, requiere aceptar que «Mahoma es el mensajero de Alá». Según la fe islámica, Mahoma es el mayor y último profeta de Alá.

ii. **Las oraciones.** El segundo pilar del islam es el *salat*, las oraciones diarias. Se espera que los musulmanes oren cinco veces al día: al amanecer, al mediodía, en la tarde, a la puesta del sol y en la noche. Esta práctica evidencia su sumisión y lealtad a Alá.

iii. **La limosna.** El tercer pilar es el *azaque* o *zakat*, la limosna regular. Los musulmanes están obligados a dar aproximadamente el 2,5% de su riqueza a los funcionarios religiosos de un estado islámico o a la mezquita local. Esta práctica provee los recursos para cubrir las necesidades de la comunidad, mitigar la pobreza, mantener los lugares de reunión religiosa y propagar la fe.

iv. **El ayuno.** El cuarto pilar del islam es el *sawm*, que es el ayuno durante ramadán, el noveno mes del calendario lunar islámico. Desde la salida del sol y hasta su puesta, los musulmanes deben abstenerse de comida, bebida y relaciones sexuales. Esta práctica es un símbolo de purificación mediante un sacrificio corporal para Alá. Mahoma aseguró haber recibido sus visiones durante ramadán.

v. **La peregrinación.** El quinto pilar del islam es el *hach*, la peregrinación a La Meca. Todo aquel que cuente con los recursos económicos y la capacidad física está obligado a hacer un viaje a La Meca al menos una vez en su vida. Hay una serie de prácticas rituales que los musulmanes deben realizar en su peregrinación. Una de las más importantes es caminar siete veces en sentido contrario a las agujas del reloj alrededor de la *Kaaba* (un santuario sagrado en La Meca que los musulmanes consideran el lugar más sagrado de la tierra).

III. **Redención.** Aunque el Corán anima a los musulmanes a acudir a Alá en busca de misericordia, enseña que la redención está basada en la libertad de la voluntad de Alá. Las personas pueden expiar sus pecados mediante la devoción por Alá, el arrepentimiento y las buenas obras. Alá tiene la libertad de extender o restringir su misericordia según le parezca, lo que significa que puede dejar a un lado su amor y su justicia para decidir con respecto al destino final de una persona. Todas las personas terminarán en el paraíso (el concepto musulmán del cielo) o en el infierno. Sin embargo, algunos hadices parecen enseñar que, a fin de cuentas, Alá llevará al paraíso a la gente que está en el infierno. Mahoma afirmó: «Alá sacará a algunos del Fuego y les dejará entrar en el Paraíso» (Sahih Muslim 1:368).

¿Por qué la gente cree en esta falsa enseñanza?

Debido a que es una de las tres principales religiones monoteístas que se remontan a Abraham, el islam tiene algunas similitudes superficiales al judaísmo y al cristianismo. Los relatos bíblicos hallados en el Corán, aunque históricamente imprecisos, hacen que el islam sea una falsificación convincente de la religión cristiana. Muchos se han visto atraídos por los aspectos éticos y ritualistas del islam. Además, la naturaleza sociopolítica del islam garantiza su expansión sobre todas las facetas de las vidas de sus miembros, algo que atrae a los que buscan orden y estructura en sus vidas.

¿Cómo esta falsa enseñanza se compara con el cristianismo bíblico?

1. **Revelación.** En contraste con el islam, el cristianismo sostiene que el Dios triuno se ha revelado completa y finalmente a través de Sus profetas y apóstoles en el Antiguo y Nuevo Testamento. El Espíritu Santo supervisó la revelación de la salvación de Dios en Cristo usando a muchos hombres a lo largo de un período de 1 500 años (Heb 1:1-2; 1 Pe 1:10-12; 2 Pe 1:21). Dios se ha revelado completamente en Su Hijo. Jesús no solo es el gran Profeta; es Dios encarnado (Jn 1:1, 14; Rom 9:5; 1 Tim 3:16). El tema principal de la Escritura es el sufrimiento de Cristo y Su posterior

"

DIOS, HABIENDO
HABLADO HACE MUCHO
TIEMPO, EN MUCHAS
OCASIONES Y DE MUCHAS
MANERAS A LOS PADRES
POR LOS PROFETAS,
EN ESTOS ÚLTIMOS DÍAS
NOS HA HABLADO
POR SU HIJO.

HEBREOS 1:1-2

gloria (Lc 24:25-26, 44-47; 1 Pe 1:10-12). Todas las revelaciones especiales cesaron luego de los ministerios de Jesús y de los apóstoles (Heb 1:2; Ap 22:18-19).

II. **Devoción.** La Escritura enfatiza la importancia de profesar fe en Dios y en Cristo (Mt 16:16; Jn 3:16-18; Rom 10:9-10). La Biblia anima a los creyentes a ser fervientes en la oración (1 Tes 5:17; Stg 5:16) y fieles en compartir sus posesiones (1 Co 16:1; Gal 6:6). Sin embargo, la devoción religiosa es una muestra de gratitud por la redención que tenemos en Cristo por gracia. El cristianismo no promueve la peregrinación a ningún edificio físico. El templo del antiguo pacto cumplió su propósito en la historia de la redención. El templo físico era un tipo de Cristo, y Su Iglesia —Su pueblo— es Su templo en la era del nuevo pacto (Jn 2:19-22; 4:21; 1 Co 6:19; 1 Pe 2:4-5).

III. **Redención.** La Biblia enseña que todos los hombres nacen muertos en sus pecados (Ef 2:1-4). Las buenas obras no pueden salvarnos, sin importar cuántas hagamos. Los actos religiosos, sin importar cuántos sean, no pueden justificarnos ante Dios. La Escritura enseña que Jesús, el Hijo eterno de Dios, murió en la cruz para expiar los pecados de Su pueblo y propiciar la ira de Dios en lugar de Su pueblo (1 Jn 1:8 – 2:2). Jesús representa a Su pueblo ante Dios sobre la base de Su vida sin pecado, Su muerte expiatoria y Su intercesión continua (2 Co 5:21; Heb 7:25). Somos salvos mediante la fe en Cristo, no por nuestras obras (Rom 4:1-8; Ef 2:8-9). Aunque Dios elige libremente mostrar misericordia a algunos y a otros no (Ex 33:19; Rom 9:15), al hacerlo Él no anula Su amor ni Su justicia. Por el contrario, en la cruz Dios mantiene Su justicia al castigar a Su Hijo en lugar de Su pueblo y demuestra Su amor al perdonarlos y reconciliarlos consigo mismo (Rom 3:26).

¿Cómo puedo compartir el evangelio con los que sostienen esta falsa enseñanza?

I. **Enfócate en la unidad de la Escritura.** Ya que el Corán incorpora porciones tanto del Antiguo como del Nuevo Testamento, debemos ayudar a los musulmanes a ver la unidad y coherencia internas de la Biblia.

Ambos Testamentos se centran en la persona de Jesús y en Su obra salvadora. Mientras caminaba con Sus discípulos en el camino a Emaús, Jesús «les explicó lo referente a Él en todas las Escrituras» (Lc 24:27). El mensaje del Antiguo Testamento es el mismo del Nuevo Testamento: que Dios salva a los pecadores por gracia mediante Cristo crucificado y resucitado (Jn 5:46; 8:58; Gal 3:8).

II. **Enfócate en lo que la Biblia enseña sobre la inmanencia de Dios.** Según el islam, Alá es absoluta y exclusivamente trascendente y no relacional. Por lo tanto, es vital que enfaticemos la verdad bíblica de la inmanencia o cercanía del Dios triuno cuando estemos testificando a musulmanes. La Escritura enseña que Dios es trascendente y también inmanente (Is 55:8; 64:1). En la persona de Jesús, Dios vino al mundo para obtener la redención (Jn 1:1, 14). Dios el Espíritu Santo obra directamente en Su creación tanto en la revelación como en la regeneración. Dios se acercó a Sus profetas durante la historia de la redención para darles Su autorrevelación dirigida a Su pueblo (2 Pe

1:21). El Espíritu regenera los corazones de Su pueblo para darles así la capacidad de creer y tener comunión con Dios (Jn 3:5-6; Tit 3:5).

III. **Enfócate en la expiación y la seguridad de la salvación.** La enseñanza bíblica con respecto al sacrificio expiatorio de Jesús es lo más importante que podemos compartir con los musulmanes. Dios provee gratuitamente un sacrificio expiatorio por los pecados: la muerte sacrificial de Jesús (Jn 1:29, 36). Ya que la muerte de Jesús en la cruz es un sacrificio eficaz para todos aquellos por los que Él murió, nada puede separar a los creyentes de Dios (Rom 8:35-39). Los musulmanes siguen una religión basada en obras, y por eso viven con la incertidumbre de si Alá los recibirá o no en el paraíso. Tal incertidumbre no existe en el mensaje del evangelio (Jn 17:3; Rom 8:1; 1 Jn 5:13).

—

622

E n el año 622 d. C. tuvo lugar la *Hiyra*, el viaje que Mahoma realizó de La Meca a Medina (que en aquel entonces se conocía como Yathrib). Este evento marca el inicio del calendario musulmán. Mahoma había exhortado a los habitantes de La Meca a renunciar a su paganismo y volverse al islam, que —según él— era su religión original, pero ellos reaccionaron con hostilidad. Sin embargo, Medina fue más receptiva: los residentes de esa ciudad fueron a donde estaba Mahoma para aprender sobre el islam y prometieron recibirlo como profeta. Mahoma mandó a algunos de sus seguidores a Medina con el propósito de que predicaran el islam, luego de lo cual la ciudad invitó a Mahoma a vivir allí y a reconciliar a sus tribus porque estaban en disputa. Aceptó la invitación y se trasladó a Medina en el 622, que en esos días era el hogar de varias tribus de judíos y árabes paganos. Mahoma promulgó la Carta de Medina para poner fin al conflicto y unificar las tribus. Aunque se garantizó la libertad religiosa para los judíos, con el paso del tiempo estos fueron expulsados o asesinados. Mahoma consolidó su posición mediante una serie de batallas contra La Meca antes de regresar y capturar la ciudad en el 630.

YIHAD

Y *ihad* significa «lucha» o «esfuerzo» y es un concepto importante en el islam. En general, tiene que ver con los intentos de los musulmanes por conformar sus vidas a los principios de Alá que se hallan en el Corán y los hadices. Hoy en día, a menudo se asocia con conflictos armados, especialmente en conexión con grupos terroristas islámicos, pero su significado es fuente de debate entre los eruditos musulmanes. Algunos creen que se refiere principalmente a lo interno, a la guerra contra las propias inclinaciones malvadas. Otros creen que su referencia primaria es externa, pero está limitada a las batallas defensivas. Por último, otros creen que tiene que ver primariamente con la guerra ofensiva contra los incrédulos. A quien participa en la *yihad* se le llama *muyahidín* (pl. *muyahidines*), un término que se hizo muy conocido como descripción de los combatientes en Afganistán.

ESPIRITUALIDAD DE LA NUEVA ERA

¿Qué es la espiritualidad de la nueva era?

La espiritualidad de la nueva era es un término general usado para describir un movimiento religioso contemporáneo, no una religión organizada. Los promotores del movimiento animan a las personas a esforzarse por lograr todo su potencial a través de una mezcla variada de conceptos y prácticas sacados del misticismo oriental, el hinduismo, el budismo, la metafísica, el naturalismo, la astrología, el ocultismo y la ciencia ficción. En sus muchas formas, la espiritualidad de la nueva era es tanto *monista* (cree que toda la realidad es, en última instancia, una unidad) como *panteísta* (cree que todo es divino). A diferencia de las religiones organizadas, la espiritualidad de la nueva era no cuenta con una figura fundadora, un liderazgo estructurado, una casa matriz oficial ni escritos normativos aceptados por todos sus promotores. La espiritualidad de la nueva era ha ejercido una importante influencia social sobre la cultura occidental durante las últimas tres décadas. Se estima que uno de cada tres estadounidenses acepta varios elementos de la ideología de la nueva era.

¿Cuándo comenzó?

Las referencias a la «nueva era» provienen del mundo de la astrología. Sus promotores afirman que aproximadamente cada 2 100 años entramos a una nueva «era astrológica» que corresponde a uno de los doce signos del zodiaco. La fecha exacta de la transición es motivo de disputas, pero la mayoría de los astrólogos aseveran que pasamos de la era de Piscis a la era de Acuario en algún punto del siglo XX.

El movimiento contemporáneo de la nueva era se originó a finales de los años 60 y a comienzos de los años 70, de forma simultánea al movimiento contracultural hippie. Los Beatles popularizaron el misticismo oriental y la religión monista en la cultura popular estadounidense luego de volver de la India en 1965, país donde practicaron la meditación trascendental con el gurú nativo Maharishi Mahesh Yogi. El musical *Hair*, presentado en 1967, promovió los elementos astrológicos del movimiento de la nueva era con su pegajoso número inicial, que afirmaba: «Este es el amanecer de la era de Acuario». En 1969, los promotores del festival musical Woodstock lo publicitaron como «una exposición acuariana: Tres días de amor y paz».

¿Quiénes son las figuras clave?

Shirley MacLaine, la actriz ganadora del Óscar, promovió la reencarnación y las experiencias de vidas pasadas, ideas propias de la nueva era, en su libro *Lo que sé de mí*, publicado en inglés en 1984. En 1989, Deepak Chopra publicó su libro *Curación cuántica*, que dice integrar los conceptos científicos modernos en el marco del misticismo oriental con el fin de sanar el cuerpo. Eckhart Tolle, autor de *El poder del ahora* y *Una nueva tierra*, es uno de los promotores más conocidos de este movimiento en la actualidad. En un artículo publicado en el 2008, *The New York Times* describió a Tolle como «el autor espiritual más popular de [los Estados Unidos]»[34]. La destacada figura mediática Oprah Winfrey sigue siendo una de las defensoras más fervientes de la ideología de la nueva era.

¿Cuáles son las creencias principales?

Es casi imposible establecer una doctrina sistemática asociada con el movimiento de la nueva era, ya que toma prestados elementos de muchas religiones y tradiciones esotéricas. Sin embargo, los promotores de la nueva era tienen varias ideas generales en común:

I. **Determinación cosmológica.** Según los astrólogos, el movimiento de las estrellas y otros cuerpos celestes determina el desarrollo cultural, social y también individual. Por consiguiente, la humanidad ha pasado de la era de Piscis, en la que procuramos descubrir nuestra identidad y existencia, a la era de Acuario, en la que

"

CAMBIARON

LA VERDAD DE DIOS

POR LA MENTIRA,

Y ADORARON

Y SIRVIERON A

LA CRIATURA EN

LUGAR DEL CREADOR,

QUIEN ES BENDITO

POR LOS SIGLOS.

AMÉN.

ROMANOS 1:25

estamos buscando la paz y la unidad completas. Como hemos pasado colectivamente a una nueva era, debemos adoptar los cambios culturales que coinciden con la era astrológica actual. Este cambio ya ha causado un impacto en todas las personas y seguirá haciéndolo. Todo lo que aprendimos de nuestros padres y todo lo que nuestros padres aprendieron de sus padres fue el resultado de la influencia de la era de Piscis y ahora debe ser abandonado en su mayoría. En la era de Acuario, debemos aprender a aceptarnos como individuos que no necesitan creer en nada que esté fuera de nosotros mismos. Todo lo que está en nosotros y todo lo que está en el universo es dios; por lo tanto, a fin de lograr la unidad y el equilibrio con Dios, debemos intentar abrazar lo que está ocurriendo en esta era acuariana mientras lo divino se expresa a sí mismo en nosotros y en los demás. Esta forma de panteísmo atribuye al orden creado algo que solo le pertenece a la soberanía eterna de Dios.

II. **Energía monista.** Los defensores del movimiento de la nueva era creen que Dios y el universo son una misma sustancia. El movimiento de la nueva era rechaza el monoteísmo bíblico para reemplazarlo por el monismo o el panteísmo. Los promotores de la nueva era creen que cada parte del universo tiene una energía divina inherente. Para recuperar la energía o el poder del universo, debemos armonizarnos con todos los aspectos del universo. Según el movimiento de la nueva era, los medios para alcanzar la armonía y recuperar el poder personal son extremadamente diversos. Para lograr esta unidad, los practicantes fomentan el uso de formas antiguas y modernas de meditación, sesiones de espiritismo, adivinación, numerología y conjuros. Muchos de los promotores de la nueva era creen que la práctica del yoga les permitirá avanzar en la búsqueda del equilibrio y la armonía que caracteriza a su ideología.

III. **Autodeificación.** El movimiento de la nueva era enseña que tenemos todo lo necesario para lograr la realización dentro de nosotros mismos. El yo es el bien supremo. Existimos para guiarnos a nosotros mismos, sanarnos a nosotros mismos y cumplir nuestros propios destinos.

Muchos de los que adoptan las prácticas de la nueva era creen en el karma y la reencarnación. Al igual que en el hinduismo, el fin último del movimiento de la nueva era es lograr la unidad con lo divino. Los que creen en la espiritualidad de la nueva era rechazan las doctrinas bíblicas de la caída, la pecaminosidad y la depravación del hombre, así como la necesidad de un sacrificio expiatorio y de un mediador entre Dios y el hombre.

¿Por qué la gente cree en esta falsa enseñanza?

Si bien el movimiento de la nueva era rechaza la idea de que la humanidad es diferente de las otras partes del orden creado, es un excelente ejemplo de lo que ocurre cuando la gente se aferra continuamente a la idea de la supremacía y la autonomía del hombre. La idea de que tenemos en nosotros mismos el poder para progresar, alcanzar la armonía con el universo y guiar nuestro propio destino tiene un enorme atractivo para los seres humanos caídos que desean la paz y la libertad, pero no según las reglas de Dios.

¿Cómo esta falsa enseñanza se compara con el cristianismo bíblico?

I. **Soberanía divina.** Contrario al movimiento de la nueva era, la Escritura enseña que el Dios vivo lleva a cabo Su decreto eterno y soberano por medio de Su creación y providencia. El Creador mantiene Su soberanía y la creación conserva su dependencia de Él. Herman Bavinck explicó: «El teísmo de la Escritura afirma una conexión entre Dios y el mundo, la absoluta soberanía de Dios y la completa dependencia de sus criaturas, evitando así tanto el error del panteísmo como el del deísmo».[35] El Dios triuno es soberano sobre todas Sus criaturas y todas las acciones que ellas realizan (Jue 14:3-4; Sal 115:3; Dn 4:34-35). No hay nada que quede fuera de Su plan eterno. Dios no ha investido a la creación con el poder final de determinar el curso de las ideologías sociales y culturales. Tampoco forma parte del mundo creado. Dios está fuera del tiempo y del espacio: habita en la eternidad (Is 57:15).

"

EL ACTO

MÁS CREATIVO QUE

JAMÁS EMPRENDERÁS

ES EL DE CREARTE

A TI MISMO.

DEEPAK CHOPRA

II. **Poder divino.** La Escritura enseña que Dios es infinito en poder. El Dios triuno sostiene el mundo por la palabra de Su poder (Heb 1:3). En última instancia, toda la creación depende de Dios para todas las cosas (Hch 17:25). Dios no le ha otorgado un poder independiente a la creación. Más bien, ha dado a conocer Su poder mediante la predicación de la cruz (1 Co 1:18, 24). En el mensaje del Cristo crucificado, Dios revela e imparte Su poder salvífico a todos los que creen (Rom 1:16). La unidad que deseamos tener con Dios y con la creación solo se logra a través de la obra salvífica de Jesús. Por medio de Su muerte en la cruz, Jesús une a los creyentes con Dios y con otros creyentes (Ef 2:14).

III. **Propósito divino.** La Biblia revela que Dios es el bien supremo. Dios creó al hombre para que lo glorificara cumpliendo Su santo propósito en el mundo. Cuando Dios creó el mundo, hizo a todos los seres vivientes «según su género» (Gn 1:11, 12, 21, 25; 6:20). Dios creó al hombre a Su propia imagen, distinto a los demás seres vivos del universo (Gn 1:26). Le encargó al hombre gobernar sobre el resto de la creación (Gn 1:26; Sal

8:6-8). Después de la caída, Dios cumplió este mandato creacional mediante la muerte y resurrección de Cristo (Heb 2:5-9). A través de Su muerte expiatoria en la cruz, Jesús garantizó la nueva creación. Ahora está sentado a la diestra de Dios como la cabeza de una humanidad redimida. En el día del juicio, los que han sido redimidos por Cristo reinarán con Cristo y juzgarán a las naciones incrédulas (Ap 2:26) y a los ángeles caídos (1 Co 6:3). La humanidad redimida nunca se volverá divina. Siempre existirá una distinción entre el Creador y la criatura.

¿Cómo puedo compartir el evangelio con los que sostienen esta falsa enseñanza?

I. **Enfócate en el ser de Dios.** Los promotores de la espiritualidad de la nueva era necesitan entender la enseñanza bíblica sobre la naturaleza y los atributos de Dios. Dios es la fuente autoexistente y autosustentadora de toda vida. Aunque muchos de los que están involucrados en las prácticas de la nueva era hablan de Dios en términos generales, no lo conocen como el Dios infinito y eterno de la Escritura. Ya que la ideología de la nueva era es monista y panteísta en su esencia, es vital que expliquemos el teísmo cristiano a sus adherentes partiendo de la Escritura. El Dios triuno es trascendente. El hombre es finito. Explícales que el Dios de la Escritura es espíritu (Jn 4:24), infinito, eterno e inmutable en todas Sus perfecciones divinas (Ex 34:6; Sal 86:5, 15; Jon 4:2).

II. **Enfócate en la distinción entre el Creador y la criatura.** Cuando testifiques a los que adoptan la ideología de la nueva era, es vital que les expliques la doctrina de la creación (Gn 1; Heb 11:3). Busca oportunidades para hablar sobre la enseñanza bíblica de cómo Dios creó exclusivamente al hombre a Su imagen (Gn 1:26; 2:7-9). Al igual que todas las religiones monistas, la espiritualidad de la nueva era elimina la distinción entre el Creador y la criatura. Considera la opción de llevar a las personas a las que estás testificando a Romanos 1:18-32 para explicarles la responsabilidad moral que tenemos para con Dios como nuestro Creador.

III. **Enfócate en la necesidad de redención.** En todas las formas de la espiritualidad de la nueva era, los individuos buscan una paz, una unidad y una plenitud que solo puede hallarse en Jesucristo. Si quieres ayudar a rescatar a una persona atrapada en la enseñanza de la nueva era, procura usar la ley de Dios para revelar la pecaminosidad del hombre y nuestra necesidad del sacrificio expiatorio de Jesús. Enfócate en la caída del hombre y las consecuencias finales del pecado (Gn 3; Rom 6:23). Explícale por qué necesitamos un mediador entre Dios y el hombre que reconcilie al hombre con Dios tomando el pecado y el castigo que el hombre merece por su pecado (2 Co 5:21; 1 Tim 2:5) y que obtenga para Su pueblo la justicia que ellos nunca podrían alcanzar (Rom 5:19; Flp 3:9).

—

LA ERA ASTROLÓGICA

La era astrológica es un concepto de gran importancia para la nueva era. Cada era astrológica corresponde a uno de los doce signos del zodiaco. A medida que el eje de la tierra oscila, cambia lentamente la dirección del cielo a la que apunta. En el transcurso de unos 26 000 años, el eje terrestre realiza una rotación completa. La era actual se determina por la posición del sol en relación con las estrellas del fondo en el equinoccio vernal. Los astrólogos discrepan en cuanto al momento exacto en que ocurrió la transición de la era de Piscis a la era de Acuario porque existen desacuerdos en torno a la ubicación de los límites entre las constelaciones. En la espiritualidad de la nueva era, se dice que el signo de la era astrológica actual tiene efectos masivos sobre la humanidad que corresponden a dicho signo, lo que significa que la transición de una era a otra es un momento trascendental que puede dar paso a ciertos cambios para la humanidad.

ATEÍSMO Y SECULARISMO

¿Qué son el ateísmo y el secularismo?

El ateísmo y el secularismo son dos cosmovisiones filosóficas modernas muy influyentes. Aunque no son religiones organizadas, estas dos cosmovisiones filosóficas son antirreligiosas por naturaleza. Los promotores del ateísmo rechazan el teísmo y la religión. Los promotores del secularismo rechazan la presencia del teísmo y la religión en las instituciones políticas y sociales. Todos los ateos profesan ser secularistas, pero no todos los secularistas profesan ser ateos. Se estima que en el mundo existen entre 250 y 500 millones de personas que no profesan fe en ninguna deidad.

Dicha cifra incluye entre 200 y 400 millones de habitantes de países como Rusia y China, y unos 30 millones de residentes en Estados Unidos. El 8% de la población en América Latina (51 millones) se considera como irreligiosa.

¿Cuándo comenzó?

Aunque desde la caída de Adán ha habido varias filosofías que podemos considerar antiteístas, el ateísmo y el secularismo como se conocen hoy en día se originaron durante la Ilustración del siglo XVIII en Gran Bretaña y Europa continental. Autores, científicos y filósofos como John Locke, Isaac Newton, Immanuel Kant, Johann Wolfgang von Goethe, Voltaire, Jean-Jacques Rousseau y Adam Smith fueron líderes de la Ilustración, pero ninguno de ellos era ateo en su sentido estricto; más bien, se consideraban deístas o creían en expresiones heterodoxas de la fe cristiana. El énfasis ilustrado sobre la razón y el individualismo en contraste con la tradición religiosa fomentó la extensión del deísmo, el panteísmo y —finalmente— el ateísmo.

En particular, la Ilustración francesa impulsó el ateísmo y el secularismo en el mundo occidental. El barón Paul

Henri Thiry d'Holbach, un intelectual ateo, enseñó una metafísica mecanicista que funcionó como un catalizador del movimiento ateo moderno. D'Holbach dedicó dos obras a la defensa y propagación del ateísmo: *Sistema de la naturaleza* y *El buen sentido*. Se piensa que su contemporáneo Denis Diderot lo ayudó a producir el libro *Sistema de la naturaleza*, que es fuertemente ateo y materialista. Diderot fue el primero en redactar una definición moderna del ateísmo, la que incluyó en su *Enciclopedia*.

Con el surgimiento de la revolución científica, las visiones materialistas sobre los orígenes del universo lograron una aceptación más amplia en Occidente. Así pues, los ateos se valieron de la publicación de *El origen de las especies* de Charles Darwin en 1859, afirmando que dicha obra justificaba su postura desde el punto de vista científico. El libro de Darwin propició agendas secularistas en los países occidentales, principalmente debido a que Karl Max aplicó los principios darwinianos en sus teorías económicas y políticas. En *Das Kapital*, Marx apeló a las contribuciones de Darwin. Si bien Darwin no apoyaba el uso que Marx le dio a su filosofía para propagar el socialismo político y económico, el surgimiento del secularismo se puede ligar directamente a la influencia de Darwin sobre Marx.

Después de Marx, el filósofo alemán del siglo XIX Friedrich Nietzsche impulsó la filosofía anteísta en todo el mundo occidental. En muchas ocasiones, Nietzsche usó la frase «Dios ha muerto» para explicar los efectos de la Ilustración en la producción de una creciente incredulidad en Dios y la posterior secularización de la sociedad occidental.

En 1927, el filósofo británico Bertrand Russell dio una charla en la Sociedad Nacional Laica de Londres que fue publicada en 1969 bajo el título *Por qué no soy cristiano y otros ensayos sobre religión y temas relacionados*. Este libro tuvo una importante influencia sobre los líderes de Gran Bretaña y Estados Unidos, popularizando aún más el ateísmo y el secularismo. Russell ayudó a sentar las bases del movimiento del «nuevo ateísmo», una forma contemporánea de apologética atea popularizada por Richard Dawkins, Daniel Dennett, Sam Harris y Christopher Hitchens. La obra de Dawkins *El espejismo de Dios*, publicada en 2006, fue un *best seller* del *New York Times* y el segundo libro más vendido en Amazon ese año. El nuevo ateísmo se distingue de las formas más antiguas de ateísmo en que no solo rechaza la fe en Dios, sino que también es hostil hacia las personas que tienen posturas religiosas.

El término *secularismo* fue acuñado por George Holyoake a mediados del siglo XX en su obra *Los principios del secularismo*. Holyoake definió el secularismo de la siguiente forma: «El secularismo es una serie de principios cuyo propósito es guiar a las personas que piensan que la teología es vaga o inadecuada o la consideran indigna de su confianza. Reemplaza la teología, que básicamente ve la vida como una necesidad pecaminosa, una escena de aflicción por la que pasamos antes de llegar a un mundo mejor».[36]

Aunque el secularismo se extendió por Europa durante el siglo XVIII, demoró más tiempo en arraigarse en los Estados Unidos, donde irrumpió con fuerza a finales del siglo XIX y a comienzos del XX. En 1963, la Corte Suprema de los Estados Unidos —en el marco del caso del *Distrito Escolar de Abington contra Schempp*— falló a favor de la inconstitucionalidad de que las escuelas fomenten la lectura bíblica y la oración. Madalyn Murray O'Hair, fundadora de Ateos de América y quien presentó un caso similar, *Murray vs. Curlett*, fue una líder infame en el impulso de la secularización de las escuelas públicas en Estados Unidos.

¿Quiénes son las figuras clave?

En la actualidad, los cuatro promotores más famosos del ateísmo a nivel popular son Dawkins, Dennett, Harris y Hitchens. Hay muchos otros filósofos, científicos, académicos, autores, políticos, animadores y activistas que dicen ser ateos o secularistas. Algunos de los promotores más famosos del ateísmo en los últimos años han sido Stephen Hawking, el renombrado físico teórico; Peter Singer, profesor de bioética de la Universidad de Princeton; el exitoso novelista Philip Pullman, y Ray Kurzweil, destacado inventor y defensor del transhumanismo.

¿Cuáles son las creencias principales?

Ateísmo

I. **Negación de la existencia de Dios.** El ateísmo es definido como la negación intelectual de la creencia en la existencia de dioses en general y de un Dios monoteísta en particular. Muchos ateos distinguen entre el ateísmo positivo y el ateísmo negativo. El ateísmo positivo afirma la inexistencia de Dios. El ateísmo negativo es la ausencia de fe en un Dios específico o en los dioses a modo general. El ateísmo negativo se diferencia de la idea relacionada del agnosticismo, que afirma que no sabemos si Dios existe. Ciertos ateos negativos reconocen que creen en la existencia de seres sobrenaturales, pero al mismo tiempo rechazan la noción de un ser sobrenatural y autoexistente que hizo todas las cosas. En su esencia, el ateísmo es la conclusión lógica del materialismo, postura que dice que todo cuanto existe está compuesto de materia física.

II. **Teoría materialista de la vida.** La creencia en una concepción materialista del mundo es fundamental para todas las clases de ateísmo. La mayor parte de las teorías evolutivas sobre los orígenes del universo están unidas inexorablemente a una filosofía atea. Si bien los ateos ofrecen múltiples explicaciones respecto al origen del universo, todos ellos rechazan el creacionismo. La concepción materialista del universo coincide con el rechazo ateo de la existencia de un propósito ordenado y una ética trascendente. Herman Bavick explica: «El materialismo asevera que no existe un propósito en las cosas y que la interpretación teleológica [deliberada] de la naturaleza debe dar lugar a una mecánica [meramente descriptiva]».[37] Mientras el cristianismo bíblico enseña que hay un propósito divino intencionado (teleología) para el mundo creado, el ateísmo niega que sea necesario estructurar la realidad según un estándar trascendente o creer que haya un fin último para el universo. Los ateos tienden a reconocer la necesidad de una ética social, pero rechazan la idea de una ética basada en una persona y una norma divina trascendente, a saber, Dios y Su ley moral eterna.

Secularismo

I. **La razón humana es la única autoridad.** El principio fundamental del secularismo es la creencia en la autonomía de la razón humana; es decir, en la razón humana como el estándar final de todas las cosas. El secularismo básicamente es una religión que se opone a la revelación. Sus adherentes creen que dentro de sí mismos tienen todo lo necesario para interpretar y estructurar con precisión el mundo que los rodea.

II. **Neutralidad sociopolítica.** El secularismo como filosofía promueve la idea de la neutralidad del Estado. Por ende, el Estado debe mantenerse totalmente libre de la influencia de la Iglesia y de la religión en general. Los secularistas rechazan la idea de que la Iglesia u otras instituciones religiosas deban tener algo que decir con respecto al Estado y sus instituciones.

¿Por qué la gente cree en estas falsas enseñanzas?

Los hombres y mujeres caídos buscan la autonomía absoluta, es decir, la independencia total de Dios. La mayor expresión de autonomía es la libertad de las restricciones de la autoridad y el gobierno divinos. El ateísmo es la máxima expresión del desprendimiento filosófico de la responsabilidad moral y la culpabilidad que tienen las personas ante su Creador. El secularismo es la máxima expresión social de la liberación humana del gobierno divino.

¿Cómo estas falsas enseñanzas se comparan con el cristianismo bíblico?

Ateísmo

I. **El Dios autoexistente.** Cuando Dios se reveló a Moisés, usó el verbo «Yo soy» (Ex 3:14). El Dios vivo y verdadero es el Ser autoexistente que es superior a todos. Es infinito, eterno, inmutable y autosuficiente en todas Sus perfecciones divinas. Dios se revela a todos por medio de la naturaleza y la conciencia humana. Como explicó Pablo en Romanos 1:20, los atributos invisibles de Dios, «Su eterno poder y divinidad, se han visto con toda claridad, siendo entendidos por medio de lo creado». Sin embargo, ya que la gente cambia naturalmente la verdad de Dios por la mentira (vv. 18, 25), nadie puede ser salvo a través de la revelación general de Dios en la creación. Aun así, todas las personas son confrontadas a diario con la realidad de que son hechas a Su imagen y viven en el mundo que Él creó (Hch 17:25, 28).

II. **Creación y providencia.** La Escritura enseña que Dios creó el mundo por la palabra de Su poder en el espacio de seis días (Gn 1:1-31; Sal 33:8-9; Jn 1:1-3; Heb 11:3). Cuando Dios se reveló a Job, preguntó: «¿Dónde estabas tú cuando yo echaba los cimientos de la tierra?» (Job 38:4). El Dios triuno autosuficiente y eternamente existente es antes de todas las cosas, y todas las cosas han sido creadas por Él. Además, la Escritura enseña que Él sostiene (sustenta y guía) el universo «por la palabra de su poder» (Heb 1:3). Dios está guiando todos los asuntos de Su creación a fin de que cumpla el propósito para el que fue creada.

Secularismo

I. **Revelación especial sobrenatural.** Desde el principio, el hombre ha necesitado la revelación especial de Dios (las palabras que Él pronuncia en adición a Su revelación mediante la conciencia y la naturaleza) para interpretar correctamente el mundo que lo rodea. Cuando Dios mandó a Adán que no comiera del árbol del conocimiento del bien y del mal en el huerto de Edén (Gn 2:16-17), le estaba enseñando que en realidad no podía comprender la revelación general de Dios sin la palabra hablada especial de Dios. Vemos esto mismo en el mandamiento creacional que Dios dio a Adán y Eva cuando los formó: «Sed fecundos y multiplicaos, y llenad la tierra y sojuzgadla; ejerced dominio sobre los peces del mar, sobre las aves del cielo y sobre todo ser viviente que se mueve sobre la tierra» (1:28). Si el hombre necesitaba la revelación especial de Dios en la creación, ¿cuánto más la necesitamos nosotros después de la caída? No solo necesitamos la revelación especial de Dios para poder entender Su voluntad y el sentido del mundo que nos rodea, sino también para conocer a Dios de forma salvadora. En la actualidad, la revelación especial de Dios está contenida en la Palabra escrita de Dios, los sesenta y seis libros del Antiguo y Nuevo Testamento.

II. **No hay neutralidad.** La Biblia enseña que Dios es Rey sobre toda la tierra y gobierna sobre las naciones (Sal 47:7-8). No hay nada en este mundo que quede fuera de Su gobierno y señorío soberano. Dios hizo el mundo para Sí mismo. Por lo tanto, debemos hacer todas las cosas para Su gloria (1 Co 10:31). Aunque Dios ha distinguido las esferas de Su gobierno en este mundo (p. ej.: la Iglesia no es el Estado, y el Estado no es la Iglesia), ninguna parte de la creación ha sido dejada al gobierno autónomo del hombre. La Iglesia es la manifestación especial del gobierno real de Dios en el mundo, con la que Él pretende influenciar todos los aspectos de la sociedad para Su gloria (Mt 13:31-33).

¿Cómo puedo compartir el evangelio con los que sostienen estas falsas enseñanzas?

I. **Enfócate en la cuestión de la existencia.** La interrogante que debemos plantearle al ateo o secularista es la cuestión de la existencia: ¿Por qué existe algo en lugar de nada? El que tiene una concepción materialista de la vida no puede responder esa pregunta. Ni siquiera puede responder por qué existe la materia.

Toda existencia procede del Dios eternamente auto-existente. Todo efecto debe tener una causa, y el universo es un claro efecto de una causa mayor. En última instancia, debe haber una causa primera que haya puesto en movimiento ciertos efectos que a su vez se transformaron en causas de otros efectos, y así sucesivamente. La causa primera es el Dios autoexis-tente, el que tiene el poder de existir en Sí mismo, el que es autoexistente y no tiene causa.

II. **Enfócate en asuntos morales.** En la cosmovisión atea y secularista, no puede haber un estándar obje-tivo de la realidad. En la Escritura, Dios nos ha dado una ética trascendente, que se resume en los Diez Mandamientos. Si el hombre rechaza la ley de Dios como ética trascendente obligatoria para todas las personas, no puede reemplazarla con nada que, en última instancia, sea vinculante tanto para él mismo como para la sociedad que lo rodea. Busca oportuni-dades para discutir con el ateo o secularista sobre la necesidad de una ética trascendente. Explícale que no puede decir que la ética de otra sociedad u otro individuo es incorrecta o malvada a menos que cuente con una ética que pueda ejercer juicio tanto sobre su propia ética como sobre la de los demás. Explícale que el hecho de que él juzgue la ética de otros implica que existe un estándar normativo externo a él mismo al que puede apelar para evaluar a los demás. Existe un estándar del bien que él mismo está asumiendo, y todos —incluyéndolo a él mismo— deben responder. Ese estándar es Dios.

III. **Enfócate en la reconciliación con Dios.** Nuestra necesidad más básica es la reconciliación con Dios. Todos los hombres necesitan ser confrontados con la realidad de su condición caída en Adán, su depravada naturaleza pecaminosa y su necesidad de un sacrificio expiatorio para poder reconciliarse con el Dios que han rechazado. Todos los hombres por naturaleza son ateos de corazón en el sentido de no querer tener nada que ver con el Dios que existe. El salmista dijo: «El necio ha dicho en su corazón: "No hay Dios"» (Sal 14:1; 53:1). En Cristo, Dios vino al mundo que Él creó para revelarse a los hombres que lo rechazaron por su amor al pecado. En la cruz, Jesús expió los pecados de los que una vez fueron Sus enemigos para llevarlos a la reconciliación con el Dios triuno, y resucitó para que los pecadores puedan ser declarados justos y reciban las bendiciones de nuestro Creador.

FECHA CLAVE

———

1859

En 1859 se publicó *El origen de las especies*, del naturalista inglés Charles Darwin. El libro expone las teorías de Darwin sobre la diversidad de la vida, que él explica como producto de la evolución por selección natural en un patrón de ramificación a partir de un ancestro en común. Esto significa que una especie puede producir múltiples especies descendientes en el curso de muchas generaciones gracias a las mutaciones que le dan una ventaja en su entorno y que le permiten reproducirse de forma más exitosa. La teoría de Darwin se basó en la investigación llevada a cabo durante el viaje del *HMS Beagle*, en especial en sus observaciones de los pinzones de las islas Galápagos. El libro sentó las bases de la biología evolutiva moderna, pero de inmediato causó controversia ya que se oponía a las ideas contemporáneas sobre la fijación de las especies.

BERTRAND RUSSELL

► 1872-1970

Bertrand Russell, tercer conde de Russell, fue un filósofo, lógico, matemático y escritor británico. A la edad
de dieciocho años, Russell abrazó el ateísmo luego de
leer la autobiografía de su padrino, John Stuart Mill,
con su crítica del argumento de la causa primera. Russell hizo carrera académica, la que en ocasiones se vio
afectada por sus posturas controvertidas, su ateísmo y su
pacifismo. Es considerado uno de los fundadores de la
filosofía analítica, la cual procuró claridad en el campo de
la filosofía luego de la obra de David Hume, que Russell
consideraba innecesariamente obscura. Entre sus obras
notables se encuentran *Principia Mathematica* e *Historia
de la filosofía occidental*.

CONCLUSIÓN

Dios cambia los corazones

Dios no ha llamado a su pueblo a participar en la apologética simplemente para ganar argumentos o debates. Más bien, llama a los cristianos a defender y promover la fe cristiana para que, a través de estos esfuerzos, Dios gane las almas de Sus elegidos para el Señor Jesucristo. Con este propósito, nos corresponde estudiar diligentemente las doctrinas esenciales de la fe cristiana en las Escrituras. A medida que estudiemos la enseñanza bíblica e histórica sobre las verdades cristianas esenciales —y vigilemos nuestras vidas— estaremos mejor «preparados para presentar defensa ante todo el que [nos] demande razón... con mansedumbre y reverencia; teniendo buena conciencia» (1 Pe 3:15-16).

Los cristianos deben ser celosos en la difusión del evangelio a todos los que están en este mundo perdido y moribundo.

Sin embargo, por mucho que estudiemos o muy piadosos que seamos, nunca podremos cambiar el corazón de otro pecador ni darle entendimiento espiritual de la verdad de la Escritura. Por naturaleza, todos los seres humanos están «muertos en [sus] delitos y pecados» (Ef 2:1). Desde la caída, todos están «entenebrecidos en su entendimiento, excluidos de la vida de Dios por causa de la ignorancia que hay en ellos, por la dureza de su corazón» (4:18). La regeneración espiritual (es decir, el nuevo nacimiento) es lo único que puede abrir los ojos de los corazones de las personas para que puedan ver y aceptar la verdad. La regeneración es la obra soberana del Espíritu de Dios. Solo Él puede llevar a los pecadores de la muerte espiritual a la vida espiritual. Esa es la clara enseñanza de la Escritura. El Señor mandó al profeta Ezequiel a orar para que el Espíritu viniera y les diera nueva vida a los huesos secos en el valle (Ez 37:3-14). Como le dijo Jesús a Nicodemo, «el que no nace de agua y del Espíritu no puede entrar en el reino de Dios» (Jn 3:5).

Además de regenerar a los pecadores, el Espíritu Santo es el único que puede otorgar iluminación espiritual. En lugar de dar nuevas revelaciones, el Espíritu Santo usa la revelación de la Escritura y abre las mentes y los corazones de los hombres a la verdad de Cristo. El Espíritu Santo capacita a los creyentes para que vean lo que Dios ha revelado claramente en la Escritura (Lc 24:27, 44). En su sermón «Una luz divina y sobrenatural», Jonathan Edwards explicó: «[El Espíritu Santo] no revela ninguna doctrina nueva... no le sugiere a la mente ningún postulado nuevo... no enseña nada nuevo con respecto a Dios, a Cristo ni a otro mundo fuera de lo que se enseña en la Biblia. Más bien, solo entrega una comprensión correcta de las cosas que se enseñan en la Palabra de Dios».[38]

La obra regeneradora e iluminadora del Espíritu Santo se ejemplifica en el relato de Lucas sobre la conversión de Lidia. Lucas nos dice que después de que Pablo predicó el evangelio a un grupo de mujeres en Filipos, «el Señor abrió [el] corazón [de Lidia] para que recibiera lo que Pablo decía» (Hch 16:14). En su epístola a la iglesia de Éfeso, el apóstol Pablo explicó que estaba orando para que Dios siguiera iluminando los ojos de los corazones de los creyentes, de modo que pudieran ver todo lo que tienen en Cristo (Ef 1:18-20). El puritano Thomas Manton resumió la necesidad de la obra iluminadora del Espíritu cuando escribió: «Sin la asistencia, el consejo y la iluminación del Espíritu Santo, no podemos hacer nada en los asuntos divinos... La mente de Dios está revelada en la Escritura, pero no podemos ver nada sin las gafas del Espíritu Santo».[39]

Oración y paciencia

Ya que liberar a los hombres de la esclavitud de las falsas enseñanzas y religiones es obra exclusiva de Dios, debemos confiar en que Él lo hará con aquellos con los que compartimos el evangelio. Debemos orar fervientemente a Dios por la salvación de nuestros seres queridos, vecinos, compañeros de trabajo y conocidos. Dado que el Dios triuno es el único que puede cambiar los corazones humanos, debemos confiar en que Él lo hará. También debemos ser pacientes y esperar que el Señor muestre la gracia y misericordia de

Su salvación a los que nos rodean. Cuando recordamos lo paciente que Dios ha sido con nosotros, ¿cómo podemos ser impacientes mientras confiamos en que Él cambiará los corazones de los demás? La comprensión espiritual y la fe salvadora están basadas exclusivamente en la gracia soberana y la misericordia de Dios (Ex 33:19; Rom 9:15-16).

NOTAS

1.	Conrad Hackett y David McClendon, «*Christians remain world's largest religious group but they are declining in Europe*» [«*Los cristianos siguen siendo el grupo religioso más grande del mundo, pero disminuyen en Europa*»] FactTank (blog), 5 de abril de 2017, https://www.pewresearch.org /fact-tank/2017/04/05/christians-remain-worlds-largest -religious-group-but-they-are-declining-in-europe/.

2.	La encuesta *Ligonier State of Theology* survey 2018 [*encuesta sobre el estado de la teología 2018*] pone de relieve la diversidad de opiniones sobre doctrinas bíblicas clave. Puedes revisar sus resultados [en inglés] en: https://thestateoftheology.com.

3.	Christian Smith, «*On 'Moralistic Therapeutic Deism' as U.S. Teenagers' Actual, Tacit, De Facto Religious Faith*» [«*Sobre el "deísmo terapéutico moralista" como fe religiosa de facto, tácita y concreta de los adolescentes estadounidenses*»], Catholic Education Resource Center, recuperado el 19 de septiembre de 2019, https://www.catholiceducation.org/en/

controversy/common-misconceptions/on-moralistic-therapeu-tic-deism-as-u-s-teenagers-actual-tacit-de-facto-religious-faith.html.

4. Catecismo Menor de Westminster, pregunta 6.

5. El párrafo 2010 del Catecismo de la Iglesia católica dice: «Bajo la moción del Espíritu Santo y de la caridad, podemos después merecer en favor nuestro y de los demás gracias útiles para nues-tra santificación, para el crecimiento en la gracia y en la caridad, y para la obtención de la vida eterna». Recuperado el 24 de agosto de 2020, http://www.vatican.va/archive/catechism_sp/p3s1c3a2_sp.html.

6. Si deseas una explicación de la Controversia de la Médula, pue-des ver la serie Ligonier *The Whole Christ* [*El Cristo completo*] presentada por Sinclair Ferguson (en inglés) en https://www.ligonier.org/learn/series/whole-christ/.

7. Catecismo de la Iglesia Católica, párrafos 1266 y 2020, recupe-rado el 24 de agosto de 2020, http://www.vatican.va/archive/catechism_sp/p2s2c1a1_sp.html y http://www.vatican.va/archive/catechism_sp/p3s1c3a2_sp.html.

8. *«Facts and Statistics»* [*«Datos y estadísticas»*], The Church of Jesus Christ of Latter-Day Saints, recuperado el 20 de febrero de 2020, https://newsroom .churchofjesuschrist.org/facts-and-statistics.

9. La mayor parte de este resumen histórico se puede encontrar en *José Smith-Historia*, tomado de la *Perla de Gran Precio*, recupe-rado el 26 de agosto de 2020, https://www.churchofjesuschrist.org/study/scriptures/pgp/js-h/1?lang=spa.

10. «Biblia, Inerrancia de la», La Iglesia de Jesucristo de los Santos de los Últimos Días, recuperado el 27 de agosto de 2020,

11. José Smith, «El Sermón de King Follet», recuperado el 27 de agosto de 2020, https://www.familysearch.org/patron/v2/TH-904-49059-1122-71/dist.pdf?ctx=ArtCtxPublic&session=USYS8210619A197261333626803C5C2926DD_idses-prod04.a.fsglobal.net.

12. *Eliza R. Snow, Biography and Family Record of Lorenzo Snow* [*Biografía e historia familiar de Lorenzo Snow*], (Salt Lake City: Deseret News, 1884), 46-47.

13. «*Joseph Smith's Sermon on Plurality of Gods*» [«*El sermón de José Smith sobre la pluralidad de dioses*»], Utah Lighthouse Ministry, recuperado el 20 de septiembre de 2019, http://www.utlm.org/onlineresources/sermons_talks_interviews/smithpluralityofgodssermon.htm.

14. *Teachings of Presidents of the Church: Joseph F. Smith* [*Enseñanzas de los presidentes de la iglesia: José F. Smith*] (Salt Lake City: The Church of Jesus Christ of Latter-day Saints, 1998), 335.

15. Mary Baker *Eddy, Science and Health with a Key to the Scriptures* [*Ciencia y salud con clave de las Escrituras*] (Boston: Alison V. Stewart, 1918), 469.

16. Eddy, *Science and Health* [*Ciencia y salud*], 256.

17. Eddy, *Science and Health* [*Ciencia y salud*], 336–37.

18. Eddy, *Science and Health* [*Ciencia y salud*], 470.

19. Eddy, *Science and Health* [*Ciencia y salud*], 337.

20. Eddy, *Science and Health* [*Ciencia y salud*], 447.

21. Eddy, *Science and Health* [*Ciencia y salud*], 361.

22. Eddy, *Science and Health* [*Ciencia y salud*], 25.

23. Eddy, *Science and Health* [*Ciencia y salud*], 45-46.

24. Eddy, *Science and Health* [*Ciencia y salud*], 18.

25. Mary Baker Eddy, «*Message to the First Church of Christ, Scientist*» [«*Mensaje para la Primera Iglesia de Cristo, Científico*»] en *Christian Science versus Pantheism* [*Ciencia cristiana versus panteísmo*] (Boston: Trustees under the Will of Mary Baker Eddy, 15 de junio de 1902), 2.

26. «Testigos de Jehová por todo el mundo» JW.org, recuperado el 31 de agosto de 2020, https://www.jw.org/es/testigos-de-jehov%C3%A1/por-todo-el-mundo/

27. «*Major religions of the world ranked by number of adherents*» [«*Principales religiones del mundo por número de adherentes*»], Adherents.com, recuperado el 28 de febrero de 2020, https://www.adherents.com/Religions_By_Adherents.html.

28. Conrad Hackett y Timmy Huynh, «*What is each country's second largest religious group?*» [«*¿Cuál es el segundo grupo religioso más grande de cada país?*»], Fact Tank (blog), 22 de junio de 2015, recuperado el 15 de noviembre de 2019, https://www.pewresearch.org/fact-tank/2015/06/22/what-is-each-countrys-second-largest-religious-group/.

29. Wendy Doniger, «*Hindu Pluralism and Hindu Tolerance of the Other*» [«*El pluralismo hindú y la tolerancia del otro en el hinduismo*»] en *Israel Oriental Studies XIV: Concept of the Other in*

Near Eastern Religions [*Estudios orientales XIV: El concepto del otro en las religiones del Cercano Oriente*] (Nueva York: E.J. Brill, 1994), 370.

30. Winfried Corduran, *Neighboring Faiths* [*Creencias adyacentes*] (Downers Grove, Ill.: InterVarsity Press, 1998), 201.

31. Seth Govinda Das, *Hinduism* [*Hinduismo*], citado por Paul Pathickal en *Christ and Hindu Diaspora* [*Cristo y la diáspora hindú*] (Bloomington, Ind.: WestBow, 2012), 47-48.

32. Cien años después de la muerte de Mahoma, Ibn Ishaq, escritor árabe del siglo VIII, escribió una biografía de la vida del profeta titulada *Sīrat Rasūl Allāh* (*Vida del mensajero de dios*). Aunque no queda ninguna copia original, la versión editada y revisada por Ibn Hisham, erudito y autor árabe del siglo IX, se sigue imprimiendo en la actualidad.

33. El Sagrado Corán, ed. Comunidad Musulmana Ahmadía, recuperado el 7 de septiembre de 2020, https://www.ahmadiy-ya-islam.org/es/coran/capitulos/4/

34. Jesse McKinley, «*The Wisdom of the Ages, for Now Anyway*» [«*La sabiduría de las eras, al menos por ahora*»], The New York Times, 23 de marzo de 2008, recuperado el 28 de octubre de 2019, https://nyti.ms/2q6AV94.

35. Herman Bavinck, *Reformed Dogmatics* [*Dogmática reformada*], vol. 2, *God and Creation* [*Dios y la creación*], ed. John Bolt, trad. John Vriend (Grand Rapids, Mich.: Baker Academic, 2004), 343.

36. George Jacob Holyoake, *The Principles of Secularism* [*Los Principios del secularismo*] (Londres: 1871), https://www.gutenberg.org/files/36797/36797-h/36797-h.htm

37. Herman Bavinck, *Reformed Dogmatics* [*Dogmática reformada*], vol. 2, *God and Creation* [*Dios y la creación*], ed. John Bolt, trad. John Vriend (Grand Rapids, Mich.: Baker Academic, 2004), 82.

38. Jonathan Edwards, «*A Divine and Supernatural Light*» [«*Una luz divina y sobrenatural*»], en *The Works of Jonathan Edwards* [*Las obras de Jonathan Edwards*], vol. 17, Sermons and Discourses [Sermones y discursos], 1730-1733, eds. Mark Valeri y Harry S. Stout (New Haven, Conn.: Yale University Press, 1999), 412.

39. *The Complete Works of Thomas Manton* [*Las obras completas de Thomas Manton*] (Londres: Thomas Nisbet & Co., 1871), 4:307.

BIBLIOGRAFÍA

Bavinck Herman. *Reformed Dogmatics* [*Dogmática reformada*], vol. 2, *God and Creation* [*Dios y la creación*]. Editado por John Bolt. Traducido por John Vriend. Grand Rapids, Mich.: Baker Academic, 2004.

Belnap, Daniel J. «*The King James Bible and the Book of Mormon*» [«*La Biblia King James y el Libro de Mormón*»]. BYU Religious Study Center, https://rsc.byu.edu/archived/king-james-bible-and-restoration/10-king-james-bible-and-book-mormon.

Blomfield, Vishvapani. Gautama Buddha: *The Life and Teachings of The Awakened One* [*Buda Gautama: La vida y la doctrina del iluminado*]. Londres: Quercus, 2011.

Catecismo de la Iglesia Católica. http://www.vatican.va/archive/catechism_sp/index_sp.html (recuperado el 24 de agosto de 2020).

Cosby, Brian. «*Moralistic Therapeutic Deism: Not Just a Problem with Youth Ministry*» [«*Deísmo terapéutico moralista: No solo un problema del ministerio de jóvenes*»] The Gospel Coalition, 9 de abril de 2012. https://www.thegospelcoalition.org/article/mtd-not-just-a-problem-with-youth-ministry/.

Chryssides, George W. «*Defining the New Age*» [«*Definición de la nueva era*»] en *Handbook of the New Age* [*Manual de la nueva era*]. Editado por Daren Kemp y James R. Lewis. Leiden, Países Bajos: Brill, 2007.

Corduran, Winfried. *Neighboring Faiths* [*Creencias adyacentes*]. Downers Grove, Ill.: Inter-Varsity Press, 1998.

Dalai Lama, XIV. *The Four Noble Truths: Fundamentals of the Buddhist Teaching* [*Las cuatro nobles verdades: Fundamentos de la enseñanza budista*]. Londres: Harper Collins Publishers, 1997.

Darwin, Charles. *The Origin of the Species by Natural Selection: or the Preservation of Favored Races in the Struggle for Life* [*El origen de las especies por medio de la selección natural, o la preservación de las razas favorecidas en la lucha por la vida*]. Nueva York: D. Appleton and Co., 1882.

Duncan, J. Ligon. «*God the Clockmaker*» [«*Dios el relojero*»]. First Presbyterian Church, Jackson, Miss., 9 de junio de 2014. https://www.fpcjackson.org/resource-library/sermons/what-in-the-world-is-this-world-thinking-god-the-clockmaker.

Eddy, Mary Baker. *The First Church of Christ Scientist and Miscellany* [*La primera Iglesia de Cristo, Científico, y miscelánea*]. Boston: Trustees Under the Will of Mary Baker Eddy, 1913.

—. *Science and Health with Key to the Scriptures* [*Ciencia y salud con clave de las Escrituras*]. Boston: Allison V. Stewart, 1918.

Esposito, John L. «*Pillars of Islam*» [«*Pilares del islam*»]. En *The Oxford Dictionary of Islam* [*Diccionario Oxford del islam*], editado por John L. Esposito. Oxford, Inglaterra: Oxford University Press, 2003.

Ferguson, Sinclair. *The Whole Christ: Legalism, Antinomianism, and Gospel Assurance; Why the Marrow Controversy Still Matters* [*El Cristo completo: legalismo, antinomianismo y la seguridad del evangelio, por qué la controversia de la médula sigue siendo importante*]. Wheaton, Ill.: Crossway, 2016.

Fisher, Edward. *The Marrow of Modern Divinity* [*La médula de la divinidad moderna*]. Fearn, Ross-shire, Escocia: Christian Heritage, 2009.

Frazier, Caroline. «*Suffering Children and the Christian Science Church*» [«*Los niños sufrientes y la Iglesia de la ciencia cristiana*»], The Atlantic, abril de 1995. https://www.theatlantic.com/past/docs/unbound/flashbks/xsci/suffer.htm.

Gerstner, John H. *Teachings of Jehovah's Witnesses* [*Enseñanzas de los testigos de Jehová*]. Grand Rapids, Mich.: Baker, 1983.

Hinn, Costi W. *God, Greed, and the (Prosperity) Gospel: How Truth Overwhelms a Life Built on Lies* [*Dios, la avaricia y el evangelio (de la prosperidad): Cómo la verdad aplasta una vida basada en mentiras*]. Grand Rapids, Mich.: Zondervan, 2019.

Hitchens, Christopher, Richard Dawkins, Sam Harris, y Daniel Dennett. *The Four Horsemen: The Conversation That Sparked an Atheist Revolution* [*Los cuatro jinetes: La conversación que desató una revolución atea*]. Nueva York: Random House, 2019.

Hoekema, Anthony A. *Jehovah's Witnesses* [*Los testigos de Jehová*]. Grand Rapids, Mich.: Eerdmans, 1974.

Holyoake, George. *Principles of Secularization* [*Principios de secularización*]. Londres: Austin and Co., 1871.

Hussain, Musharraf. *The Five Pillars of Islam: Laying the Foundations of Divine Love and Service to Humanity* [*Los cinco pilares del islam: Sentando las bases del amor divino y el servicio a la humanidad*]. Leicestershire, Inglaterra: Kube, 2012.

Johnson, Phil. «*What's New with the New Age? Why Christians Need to Remain on Guard against the Threat of New Age Spirituality*» [«*¿Qué hay de nuevo en la nueva era? Por qué los cristianos necesitamos seguir en alerta ante la amenaza de la espiritualidad de la nueva era*»]. En el Southern Baptist Journal of Theology 10 no. 4 (Invierno de 2006).

Kaiser, Walt. «*The Old Testament Promise of Material Blessings and the Contemporary Believer*» [«*La promesa de bendiciones materiales del Antiguo Testamento y el creyente contemporáneo*»]. En Trinity Journal 9 no. 2 (Otoño de 1988).

El Sagrado Corán, ed. Comunidad Musulmana Ahmadía, recuperado el 7 de septiembre de 2020, https://www.ahmadiyya-islam. org/es/coran/capitulos/4/

Luther, Martin. «*Against the Antinomians*» [«*Contra los antino-mianos*»]. En *Luther's Works* [*Obras de Lutero*], vol. 47, *Christian in Society IV* [*El cristiano en la sociedad, parte IV*], editado por Jaroslov Pelikan y Helmut T. Lehman. Filadelfia: Fortress, 1971.

Marx, Karl. Das Kapital: *A Critique of Political Economy* [*Das Kapital: Una crítica de la economía política*]. Washington, D.C.: Regnery, 2012.

Miller, William. *A Christian's Response to Islam* [*Una respuesta cristiana al islam*]. Phillipsburg, N.J.: P&R, 1976.

Morgan, Kenneth. *The Path of Buddha: Buddhism Interpreted by Buddhists* [*La senda de Buda: El budismo interpretado por budistas*]. Nueva York: Motilal Banarsisass, 1956.

Narayanan, Vasudha. «*Hinduism*» [«*Hinduismo*»]. En *Eastern Religions: Origins, Beliefs, Practices, Holy Texts, Sacred Places* [*Religiones orientales: Orígenes, creencias, prácticas, textos sagrados, lugares sacros*], editado por Michael D. Coogan, Michael David Coogan, y Vasudha Narayanan. Nueva York: Oxford University Press, 2005.

Nāʾsirī, ʿAlī. *An Introduction to Hadith: History and Sources* [*Introducción a los hadices: Historia y fuentes*]. Londres: MIU Press, 2013.

Paine, Thomas. *The Age of Reason: An Investigation of True and Fabulous Theology* [*La era de la razón: Una investigación sobre la teología verdadera y fabulosa*], vol. 2. Londres: R. Carlisle, 1818.

Raymond, Erik. «*The Soft Prosperity Gospel*» [«*El evangelio de la prosperidad suave*»]. En Tabletalk, 1 de abril del 2016. https://www.ligonier.org/learn/articles /soft-prosperity-gospel/.

Russell, Bertrand. *Why I Am Not a Christian* [*Por qué no soy cristiano*]. Nueva York: Simon & Schuster, 1957.

Rig-Veda Sahnita: *A Collection of Ancient Hindu Hymns* [*Rig-Veda Sahnita: Una colección de antiguos himnos hindúes*]. Traducido por H. H. Wilson. Londres: William H. Allen and Co., 1857.

Smith, Christian. «*On 'Moralistic Therapeutic Deism' as U.S. Teenagers' Actual, Tacit, De Facto Religious Faith*» [«*Sobre el "deísmo terapéutico moralista" como fe religiosa de facto, tácita y concreta de los adolescentes estadounidenses*»]. En *Princeton Lectures on Youth, Church, and Culture* [*Ponencias de Princeton sobre la juventud, la Iglesia y la cultura*], 2005. Princeton, N.J.: Princeton Theological Seminary, 2005.

Smith, Joseph. *The Book of Mormon* [*El libro de mormón*]. Salt Lake City: The Church of Jesus Christ of Latter-day Saints, 2013.

—. *The Doctrine and Covenants* [*Doctrina y convenios*]. Salt Lake City: The Church of Jesus Christ of Latter-day Saints, 2018.

—. *The Pearl of Great Price* [*La perla de gran precio*]. Salt Lake City: The Church of Jesus Christ of Latter-day Saints, 2018.

VanDoodewaard, William. *The Marrow Controversy and the Seceder Tradition* [*La controversia de la médula y la tradición separatista presbiteriana escocesa*]. Grand Rapids, Mich.: Reformation Heritage, 2011.

Vitello, Paul. «*Christian Science Church Seeks Truce with Modern Medicine*» [«*La iglesia de la ciencia cristiana busca hacer las paces con la medicina moderna*»]. New York Times, 23 de marzo de 2010. https://www.nytimes.com/2010/03/24/nyregion/24heal.html.

Quimby, Phineas P. *The Complete Collected Works of Dr. Phineas Parkhurst Quimby* [*Obras completas del Dr. Phineas Parkhurst Quimby*]. Belfast, Maine: Phineas ParkhurstQuimby Philosophical Society, 2008.

Zaka, Anees y Diane Coleman. *Truth about Islam: The Noble Qur'an's Teachings in Light of the Holy Bible* [*La verdad sobre el Islam: Las enseñanzas del noble Corán a la luz de la Santa Biblia*]. Phillipsburg, N.J.: P&R, 2004..